전쟁을 타인에 대한 책임감으로 포장해서는 안 된다. 적어도 하나님을 믿는 그리스도인들에게 있어서 전쟁은 월권이고 자신이 하나님처럼 높아지려는 교만이다. 거짓말을 하는 사람들은 자신의 현실을 자신이 원하는 대로 통제하려는 의도에서 남을 속인다. **송강호**(개척자들 대표)

예수께서 죄인을 위해 죽으셨던 것처럼, 예수의 제자는 그의 삶과 죽음을 모방하는 사람들이다. 이것은 신앙의 문제다. 예수를 믿는다는 것은 곧 그의 통치권을 인정하고, 그분 말씀에 복종하는 것이다. **전남식**(대전 꿈이있는교회 목사)

이 짤막한 책은 가설적이기는 하지만 자주 제기되는 문제를 진지하게 다루고 있다. 누군가가 폭력을 휘두르며 내가 사랑하는 사람을 위협한다면 어떻게 반응할 것인가? 저자는 책의 가장 핵심 부분에서 이 질문 배후에 있는 가정들을 분석하고서, 공격자를 살해하지 않고서도 다른 가능한 선택들이 있다는 것을 보여주고 있다. 이 부분은 탁월하면서도 성경에 근거를 둔 분석이다. 이 책은 읽어볼 만한 가치가 있다. 왜냐하면, 폭력적 상황이 닥쳤을 때 어떤 선택을 해야 할지에 대한 문제에서 평화주의 입장을 이보다 더 명료하게 표현한 곳을 발견할 수 없기 때문이다. Journal of Church and State

이 책은 내 서가에서 보물같이 여겨지는 책이다. 왜냐하면, 이 책은 실제 사례들뿐 아니라 어떠한 형태든 간에 폭력을 거부해야 한다는 가치 전환의 주제에 대해서 복잡한 논의를 제공해주고 있기 때문이다. 당신을 괴롭히는 문제에 대한 시원한 답을 이 책에서 얻지 못할지도 모른다. 그러나 적어도 답변들이 존재한다는 것을 알게 될 것이다. 독자(아마존 서평)

아버지는 이 책이 당신의 평화주의를 철저하게 설명해주는 것이라며 내게 건냈다. 아버지의 말은 틀리지 않았다. 이 책은 정말 영감을 북돋는 책이다. 누구든지 이 책을 읽는다면, 책의 주장에 찬성하든지, 아니면 반대하든지 선택을 하면서 읽어야만 할 것이다! **미카 발스**(아마존 서평)

우리 북 클럽에서 가장 "영감을 주는 책"으로 뽑힌 이 책은 놀라움 그 자체이다. 독자는 여러 가지 기본적인 가정들을 다시 생각해보아야 한다. 그러면 폭력에 대한 기독교적 선택들이 존재한다는 것을 깨닫게 될 것이다. 아직 폭력에 대해서 개인적으로 어떻게 반응해야 할 것인지 확신이 서지는 않았지만, 이 책 때문에 내 사고와 선택이 확대된 것은 분명하다. 정말 대단한 책이다!

설 안 레켄버거(아마존 서평)

작지만 탁월한 책이다. 나는 이 책을 단 하루 만에 즐겁게 읽었다. 이 책의 논의는 정교하지만, 독자들이 쉽게 폭력의 문제에 대한 분석을 따라갈 수 있도록 쓰였다. 덕분에 이제 자주 제기되는 이 질문에 대해서 더 잘 답변할 수 있을 것 같다. 이 책은 특별히 기독교인을 대상으로 쓰였지만, 불교도로서 나는 그 원칙들이 기독교인이나, 불교도나, 인도주의자나 그 누구에게든지 추천해야 할 원칙들이라고 생각한다.

베이비-사크라멘토 불교 승려(아마존 서평)

이 책에서 평화주의자들은 당신이나 당신의 가족이 폭력적 상황에 직면하였을 때 반응해야 하는 다양한 방식을 제시하고 있다. 이 책은 삼부로 구성되었는데 1부는 요더가 쓴 글로서 가설적 상황에 대한 한 가지 답변을 제공하고 있다. 그는 폭력에 반응하거나 폭력을 조장하기보다는, 다른 차원의 행동양식이 있다는 것을 보여주고 있다. 2부는 그러한 상황에서 폭력을 사용하는 것을 거부한 다른 사람들의 반응을 선보이고 있다. 이 사례 중에서 몇 가지는 흥미 있고 어떤 것들은 진지하다. 그러나 그 모두는 그 문제를 다루는 대안적인 수단을 강구하고 있다. 마지막 부분은 실제 상황을 다루고 있다. 그것은 사람들이 어떻게 폭력적 공격을 비폭력적으로 대응했고, 결국 해를 입지 않았는지를 보여준다. 이 이야기들은 매우 감동적이다. 이 책은 평화주의를 깊게 생각하거나, 비록 평화주의자로 자처하지만, "당신이라면?"이라는 단순한 질문에 답변할 수 없을 것으로 보이는 모든 사람을 위한 책이다.
테드 스틸(아마존 서평)

만일 누군가
요더를 피해갈 수 있다면,
그는 무심한 사람이다.
뻔뻔한 사람이거나…
대장간 편집부

존 하워드 요더 John Howard Yoder

1927. 12. 29~1997. 12. 30

요더 총서 ❷
당신이라면?

지은이	존 하워드 요더 John H. Yoder
옮긴이	임형권
초판발행	2011년 11월 30일

펴낸이	배용하
책임편집	박민서
책임교정	최모인 이승은
등록	제364-2008-000013호
펴낸곳	도서출판 대장간
	www.daejanggan.org
	대전광역시 동구 삼성동 285-16
	전화 (042) 673-7424 전송 (042) 623-1424
박은곳	경원인쇄

ISBN	978-89-7071-236-9

이 책은 저작권법에 의해 보호를 받는 출판물입니다.
기록된 형태의 허락 없이는 무단 전재와 복제를 금합니다.

 값 10,000원

증보판

당신이라면?

만일 사랑하는 사람이 위협받는다면

존 하워드 요더 지음

임 형 권 옮김

*If a violent person threatened to harm
a loved one...*

WHAT WOULD YOU DO?

John Howard Yoder

누군가를 방어해야 할 순간에

필요한 경우

자신의 목숨을 내놓을 준비가 되어 있지만,

살인을 하지 않도록

기도하는 사람들에게…

차 례

3부 과연 효과가 있을까?

추·천·의·글

송 강 호 | 개척자들 대표

『예수의 정치학』이라는 이미 고전이 된 저서로 우리에게 널리 알려진 존 하워드 요더의 서문으로 시작되는 이 책은 우리가 직면하고 싶지 않은 상황으로부터 이야기를 시작한다. 아무도 도움을 줄 수 없는 고립된 상황에서 누군가가 당신의 아내나 딸을 강간하거나 죽이려고 한다면 당신은 어떻게 할 것인가?

이 책은 이런 상황에서 하나님은 당신의 자녀를 지켜주실 것이기 때문에 그런 위협적인 상황에서조차도 우리 그리스도인들은 더 안전할 수밖에 없다는 이야기를 하려는 것이 아니다. 오직 예수만 믿으면 만사가 형통할 것이라는 주술적인 믿음의 간증문들을 모아놓은 것도 아니다. 이 이야기는 우리도 그런 위협적인 상황에서는 총과 칼을 들고 맞서 싸우는 도리 밖에 다른 대수가 있겠느냐는 폭력에 대한 자포자기와 굴복을 넘어서서 "우리가 모두 더 안전하기 위해서 우리가 해야 할 구체적인 행동이 무엇인지를 찾는 것이고" 그리스도인들은 그 평화적인 해결의 길을 찾아내야 하며 또 반드시 찾을 수 있다는 "그 신념을 전하기" 위한 것이다.

이 책의 주제는 실제 전쟁의 정당성을 주장하는 숱한 사람들에 의해 평화주의자나 양심적인 병역 거부자들에게 수없이 반복적으로 제기되는 질문을 다루고 있다. 전쟁론자들은 이 질문을 통해 폭력을 옹호하고

"전쟁을 위한 변명"을 하려고 한다. 그리고 폭력 사용이나 전쟁을 반대하는 사람들을 궁지로 몰아넣고 무책임하다고 비난하려 든다. 이 책은 이 곤궁에 처한 그리스도인들에게 눈을 감은 채 수모를 삼키거나 자신의 신앙과 신념을 지키려고 도망쳐버리지 말고 도리어 이 건조한 의도적인 질문을 던지는 질문자에게 자신이 묻는 바가 도대체 무슨 의미를 담고 있는지를 되묻게 한다.

저자는 우리의 그리스도인으로서의 정체성으로부터 출발해서 우리는 비폭력 평화의 길 이외에 다른 선택이 있을 수 없다는 전제에서 시작한다. 사랑의 계명을 지켜야 할 사람들이 무기를 들고 원수를 사랑할 수는 없지 않은가? 저자는 그러한 우리의 한계에도 우리를 위협하는 폭력에 비폭력적이고 평화적인 대응 방법이 폭력적인 대응방식보다 더 효과적일 수 있는 이유를 설명하고 있다. 그뿐만 아니라 그런 절망적인 상황을 신앙과 신념을 갖고 적극적으로 대응했던 여러 경험자의 진솔한 경험담들을 인용하여 비폭력 평화의 길이 현실적인 대안일 수 있다는 희망의 메시지를 전해주고 있다.

제3의 길

이 책은 폭력에 대해 폭력으로 대응하거나 어떠한 대처도 포기하거나 체념해 버리는 극단적인 입장 이외에 우리가 설 수 있는 여지란 없다는 의식의 고착을 벗어나서 이 양 극단 사이에 우리가 선택하고 실행할 수 있는 다양한 대응방식들과 그에 따른 예기치 못한 효과들을 예시해

주고 있다.

어쩔 수 없이 우리도 우리 자신과 우리 가족, 우리 민족을 위협하는 폭력 앞에서는 그에 대응하는 폭력밖에 길이 없다는 정당한 전쟁의 당위성을 주장하는 사람들은 자기 가족이나 민족을 보호해야 한다는 책임감은 느끼고 있을지 모르나 "자신을 방어한다는 전쟁으로 무방비한 무고한 숱한 시민이 희생자들이 된다"는 사실에 대해서는 자각하지 못한다. 내 가족에 대한 책임감이 다른 나라의 선량한 시민에 대한 무책임한 폭력 행사를 지원하거나 방조하게 된다면 이는 진정한 책임 윤리라고 볼 수 없다. 이런 점에서 모든 전쟁은 범죄 행위다.

전쟁을 타인에 대한 책임감으로 포장해서는 안 된다. 적어도 하나님을 믿는 그리스도인들에게 있어서 전쟁은 월권이고 자신이 하나님처럼 높아지려는 교만이다. 거짓말을 하는 사람들은 자신의 현실을 자신이 원하는 대로 통제하려는 의도에서 남을 속인다. 그의 거짓말은 자신의 현실을 자기가 스스로 통제해야만 한다는 책임감에서 비롯된 것일 수도 있다. 마찬가지로 폭력과 전쟁을 하는 사람들은 자신들이 "구현하기를 원하는 미래를 만들어 내야 할 책임이 자신에게 있다"고 믿고 있다. 그러나 그리스도인들에게는 자기 행위의 결과보다 지금 자신이 행해야 할 행동 그 자체에 대한 책임을 지는 것이 더 우선이다. 그 결과에 대한 책임은 우리가 지는 것이 아니라 하나님이 지시는 것이다. 그분이 우리 역사의 주관자이시고 책임자이심을 믿는 것이 곧 신앙이다. 그 믿음 때문에 자신에게 불리하지만, 거짓이 아닌 진실을 말할 수 있고 폭력보다 더 길고 먼 길 같아 보이는 평화를 선택할 수 있다.

폭력은 영성이다. 누군가 손에 칼을 잡았다면 그의 가슴 속에는 살의殺意가 꿈틀거리는 법이다. 그러므로 우리의 내면에 폭력의 영을 제어하는 더욱 고상한 영성이 없이는 진정한 평화주의자가 될 수는 없다. 당신이 그리스도인이라면 평화의 실천은 우리들의 운명이다. "폭력은 그들의 길이고 비폭력은 우리의 길"이다. 우리가 남의 길을 넘보며 우리 갈 길을 멈추어 선다면 "쟁기를 들고 뒤를 돌아보는 사람"처럼 하나님께 합당치 않은 사람이다. 우리가 살인할 수 없다면 또 전쟁을 할 수도 없다면 우리는 평화를 위해 노력할 수밖에 없다. 미래의 전쟁을 대비하기 위한 군사기지를 만들거나 무기를 사들이지 않는 대신 우리는 지금 당장 이웃 나라와 친선과 우호의 관계를 만들어 나가야 한다.

개인윤리에서 사회윤리로

이 책에서 다뤄지는 이 "당신이라면?"이란 질문이 단지 자기 자신과 자기가족이 당하는 위협으로 좁혀진다면 이 질문의 대답과 그 영향력은 크게 감퇴할 것이다. 이 책을 읽는 사람은 평생에 한 번 있을까 말까 하는 이런 끔찍한 위협이 독자 자신에게 닥칠 것만을 대비하여 이 글을 읽어서는 안 된다. 이 질문의 폭력성이라는 저의가 깔렸지만, 이 질문은 우리의 현실에서 매우 중요하다. 나와 내가 사랑하는 사람이 당할지도 모르는 위협 때문이 아니라 우리 주변을 둘러보면 이런 부류의 위협이 실제로 종종 벌어지기 때문이다. 나 개인에게 교통사고 같은 불행이 닥칠 확률은 평생 한두 번 밖에 안될지 모르지만, 사회 전체를 볼 때는 하루에도 수백 수천 건이 벌어지듯이 지금 우리 사회에서는 많은 사람에게는 그들이 사랑하는 사람들이 위협을 받는 상황이 실제로 숱하게 벌어지고 있다. 그러므로 우리는 이 책에서 제기하는 질문에 대한 응답을 통해 단지 폭력과 전쟁을 반대하는 의식으로 무장하는 것에 그쳐서는 안 된다. 또 "살인을 하지 않도록 기도하는 사람들"이라면 자기 자신이나 자기 가족만을 방어하기 위해 "자신의 목숨을 내놓을 준비가 되어" 있어서도 안 된다. 우리는 "만일 사랑하는 사람이 위협을 받는다면 당신이라면" 어떻게 할 것인가? 라는 이 불편한 질문을 진지하게 대면하고 폭력이 아닌 다른 방식으로 반응할 수는 없을 것인지 그리고 그런 대안적인 방법이 과연 효과가 있을 것인지를 깊이 숙고하여 이를 자신과 자기 가족을 위해서 뿐 아니라 위협을 당하는 타인들을 위해서도 하나님의 지혜와 용기를 갖고 구체적으로 실행해야 한다. 타인을 그들이 겪는 위협으로부터 건져낼 수 있는 사람만이 자신과 자신의 가족도 똑같은 위협에서 구해낼 수 있다. 어두운 밤길에서 연약한 여성이 관계를 알 수 없는 어떤 건장한 남자에게 폭행을 당하고 있다면 당신은 어떻게 해야 할 것인가? 만원버스에서 당신 곁에 선 여인이 면도날을 든 강도에게 위협을 당하고 있다면 당신은 어떻게 할 것인가? 어두운 밤 산책을 나온 강둑 길 아래서 치한에게 성적인 폭행을 당하는 여인을 목격하였다면 당신은 어떻게 할 것인가? 독자들은 이런 현실에 대면하여 적극적으로 평화를 실천하는 삶을 살아가도록 초대된 것이다. 이 책은 분명히 책상 앞에서 편하게 읽히는 책이 아니라 두려움이 엄습하는 어두운 밤거리에서 그리고 고립무원孤立無援의 절망적인 상황에서 읽혀야 할 책이다.

　이런 점에서 이 책은 수영교본과도 같다. 수영을 하기 위한 교본은 한 길이 넘는 물에 들어가 실제 수영을 하면서 익히지 않으면 휴짓조각처럼 쓸데없는 것이다. 마찬가지로 독자의 주변에서 벌어지는 위협적인 폭력 상황에서 비폭력적인 대응을 지속적으로 적극적으로 실천하지 않는다면 독자는 물속에 들어가기를 거부하면서 수영을 배우겠다고 수영 교본을 읽는 어리석은 사람과도 같다.

평화가 희망이다

이 책은 평화적 대응으로 상대방의 공격성을 효과적으로 줄일 수 있었던 사람들의 증언들로 끝을 맺는다. 여기서 우리는 평화가 만들어내는 "진실한 승리의 이야기를 들어야 하고 이를 들을 수 있다" 이 책은 폭력과 전쟁 이외에 다른 길은 없다고 강변하는 우리 현실 속에서 우리가 믿는 그리스도의 평화가 더욱더 강력한 현실적 대안일 수 있음을 밝혀 주고 있다. 어두운 폭력의 시대에 우리에게는 이런 희망의 메시지가 필요한 것이 아니겠는가?

전 남 식 | 대전 꿈이있는교회

여는 말

한국의 분단 상황에서 평화를 말하는 것은 어쩌면 이단과 빨갱이 혹은 매국노라는 오명을 뒤집어쓸 것을 각오해야 한다. 평화를 말하는 것이 상당히 불편하고 껄끄럽기에, 평화를 평안으로 바꿔 말함으로써 안도의 한숨을 내쉰다. "평안을 너에게 주노라…."

하지만, 평화는 한반도를 살아가는 그리스도인이라면 말해야만 하고, 살아내야만 하는 주제요, 풀어야 할 화두다. 이 주제를 말하지 않는 것은 책임 회피요, 풀지 않고 내버려 두는 것은 직무유기다. 또한, 평화의 사도로 살지 않는다면, 더는 예수의 제자라 할 수 없다. 그리스도인은 예수의 제자로 부름 받은 사람이다. 하나님이 외아들 예수를 이 땅에 보내실 만큼 사랑한 것이 세상이었다면, 예수의 제자도 이 땅을 사랑해야 하고, 이 땅의 부조리함, 폭력과 갈등, 전쟁 문제에 대해 고민하며, 성경적 방법으로 풀어내는 것이 예수의 제자로 살아가는 것이다.

그런데 평화를 말하기를 꺼리고 두려워하였기 때문에, 어느덧 평화는 평안이라는 내면세계로만 국한되었고, 이 땅에서 평화를 말할 수 없게 되자, 이웃 간의 평화도 사라졌다. 이제 우리는 이 땅을 살아가는 예수의 제자로서 평화를 말할 때이다. 아니 지금까지 말하지 못한 것을 회개하고, 돌이켜 평화의 복음을 이 땅에 선포해야 한다. 그리고 그 평화는 가장 가까운 곳으로부터 시작되어야 한다.

제자 훈련은 용서와 원수 사랑을 배우는 과정이다.

요더를 처음 만난 것은 대학원 수업에서 『교회, 그 몸의 정치』Body Politics(대장간, 2011)이란 책을 읽으면서부터였다. 제자훈련과 초대교회로 돌아가자는 구호가 난무하던 때였다. 너도나도 제자훈련을 받고, 제자훈련을 하지 않는 교회는 함량 미달 혹은 유행에 뒤처진 것으로 비쳤던 때였다. 그런데 이상한 것은 혹독한(?) 제자훈련을 받은 사람일수록 자기 의義로 충만해 남을 판단하기 일쑤였고 초대교회로 돌아가자는 구호는 봇물처럼 넘쳐났지만, 교회는 세상과 담을 쌓고 게토화되어 갔다. 그것이 교회의 거룩성을 지키는 방법이라 생각했다. 동시에 기복주의적 번영신학이 판을 치고, 천국은 저 세상으로, 혹은 내면세계로 변질하였다. 세상이야 어찌 되었든, 내 마음만 평안하면 그만이었고, 다른 교회가 망하든 내 교회만 성장하면 장땡이었다. 인격이 어떻든 예수만 믿으면 천국 간다는 구원의 확신이 면죄부가 되었다. 그러니 그리스도인은 사회적 지탄을 받게 되고, 교회는 목사의 전유물이 된 것이다. 교회, 잔치는 끝났다.

요더는 예수를 믿는 것이 무엇인지 가르쳐 주었다. 사영리 수준의 신앙고백이 아닌, 산상수훈을 기초로 한 제자도가 무엇인지를 진지하게 고민하게 하였다. 제자란 스승의 가르침대로 살고자, 그의 말투와 걸음걸이뿐만 아니라 성품을 닮고자 몸부림치는 사람이었다. 일명 모태신앙으로 교회에서 잔뼈가 굵은 나였지만 산상수훈을 설교로 들어본 기억이 없다. 산상수훈은 비현실적, 이상주의적 발상으로만 배웠다. 그런데 요더를 비롯한 아나뱁티스트들은 구원의 확신이 아닌 제자로서의 삶을 말하였고, 교회 성장이 아닌 자발적 나눔 공동체를 지향했다. 칼을 통한 평화가 아닌, 말씀에 대한 순종을 통한 샬롬을 꿈꾸었다. 그들은 그렇게 500년을 살아온 것이다.

산상수훈에 기초한 삶은 불가능하다고 생각했는데, 산상수훈대로 살다가 쫓겨나고, 고문당하고 죽어간 사람들이 현실 세계에도 존재한다는 것은 충격 그 자체였다. 그러면서 산상수훈을 다시 보게 되었고, 그것이 핵심은 다름 아닌 용서와 원수 사랑임을 확인했다. 즉 제자훈련은 10주 완성이 아니라, 평생을 공동체로 살아가면서 갈등을 경험하고, 그 갈등을 용서라는 십자가의 과정을 통해 나를 부인한다. 심지어는 원수까지도 용서하고 사랑한다. 그런 제자 공동체적 삶의 결과는 평화로 나타난다. 즉, 예수가 말한 제자훈련은 용서와 원수사랑을 체득하는 것이었다. 원수의 얼굴에서 '하나님의 얼굴' 브니엘을 발견하라. 야곱의 인생의 절정은 형 에서의 얼굴에서 하나님의 얼굴을 보았을 때이며, 요셉 이야기의 하이라이트 자기를 판 형들을 용서하는 장면이다. 예수님도 십자가에서 자기를 못 박고 조롱하던 사람들을 용서하였으며, 스데반도 마찬가지였다.

만일 사랑하는 사람이 위협받는다면…?

이 책은 요더의 다른 책들과는 달리, 그의 논지가 쉽고 명확하다. 이 책이 신학적 논거를 다루기보다는 실생활에서 평화주의자peacemaker로 살아가는 팁tip을 제공해 준다는 의미에서 쉽고 명확하다는 말이다. 하지만, 쉬운 만큼 내용이 가볍지는 않다. 오히려 이 책을 읽는다는 것이

두렵기까지 했다. 이 책의 서문을 부탁받았을 때 학자도, 실천가도 아닌, 그저 평범한 작은 교회 목사가 요더라는 대가의 추천사를 쓴다는 것이 부담이었다. 솔직히 『근원적 혁명』The Original Revolution 번역 의뢰를 받았을 때도 마찬가지였다. 그런데 그보다 더 큰 부담은, 사소한 것에도 얼굴 붉히며 살아가는, 결코 평화주의와는 거리가 먼 사람이 어찌 평화를 말할 수 있을까 하는 양심의 가책 때문이었다. '나는 이렇게 못 살지만, 이 책 정말 좋아요. 꼭 읽어보세요…' 당장 나의 아내가 이 글을 읽다가 '너나 잘해!' 이런 말을 할 게 뻔한데…. 그래도 어쩌겠는가? 이미 쓰기로 했으니….

이 책은 앞에서도 언급했듯이 평화주의자로서 살아가기 위한 실재적 예를 다루고 있다. "한 범죄자가 사랑하는 가족의 생명을 위협하고 있다면 당신은 어떻게 할 것인가?" 이에 대한 가설에 사람들은 그 상황에 대한 해답은 한가지 밖에 없다결정론고 생각한다. 하지만, 요더는 결정론에 종속되지 말고 그에게 무력으로 대항하는 것도, 그렇다고 비겁하게 물러나는 것도 아닌, 제3의 길을 선택할 것을 말하고 있다. 대항과 물러남은 모두가 이방인의 행동이다. 그리스도인은 부활을 믿으며, 구원에 대한 소망이 있기 때문에, 아직 예수를 알지 못하는 범죄자를 희생시키는 것은 그에게 구원의 기회를 빼앗는 격이 된다. 또한, 그가 왜 그러한 행동을 하는지, 범죄자라고 가정한 그 사람의 사연을 들어줄 방법을 모색해야 한다. 현실은 가설처럼 단순명쾌하지 않다. 자신의 해결 능력, 판단력을 과신하지 마라. 그리고 지혜가 부족하거든 후히 주시고 꾸짖지 아니하시는 하나님께 구하라. 나아가 최후의 수단으로 예수님처럼, 그를 용서하는 것은 물론 나아가 그를 위해 목숨까지 내어주라. 제자는 곧 순교자다. 순교자는 예수의 증인이다. "그러나 우리가 아직 죄인이었을 때에, 그리스도께서 우리를 위하여 죽으셨습니다. 이리하여 하나님께서는 우리에 대한 자기의 사랑을 실증하셨습니다"롬5:8 예수께서 죄인을 위해 죽으셨던 것처럼, 예수의 제자는 그의 삶과 죽음을 모방하는 사람들이다. 이것은 신앙의 문제다. 예수를 믿는다는 것은 곧 그의 통치권을 인정하고, 그분 말씀에 복종하는 것이다.

왼편도 돌려대라

사무엘하 21장에는 다윗이 사울을 피해 블레셋으로 도망하는 장면이 등장한다. 블레셋 왕의 신하들은 다윗이 골리앗을 죽인, 이스라엘의 차기 왕권 계승자임을 알아차렸다. "이 사람은 분명히 저 나라의 왕 다윗입니다. 이 사람을 두고서, 저 나라의 백성이 춤을 추며, 이렇게 노래하였습니다. '사울은 수천 명을 죽이고, 다윗은 수만 명을 죽였다.'" 이 말을 들은 다윗은 신변에 위협을 느꼈고, 그들이 보는 앞에서 미친 척을 하였다. 성문에 낙서를 하고, 수염에 침을 질질 흘렸다. 이에 블레셋 왕과 신하들은 다윗이 미쳤다고 생각하고 그를 내 쫓았다.

메기 해리스라는 여자가 해질 무렵 공원에서… 조깅을 하다가 갑자기 누군가가 자신의 팔을 휘어잡은 것에 소스라치게 놀랐다. 주변에 한 노인이 있었지만, 그에게 도움을 청하는 것이 오히려 사태를 악화시킬 수 있음을 알고 차분히 생각을 가다듬었다. 그리고는 그녀는 그 남자의 팔을 가볍게 잡아당기며 말했다. "저기로 가서 이야기할까요?" 그녀는 그 남자가 어떤 어려움에 부닥쳤는지를 직감했고, 그 부분을 질문하자 그는 마음을 털어놓기 시작했다. 그 후 그 남자는 친구가 되어 준 것에 고마워하며 메기를 집까지 데려다 주었다.

또 다른 이야기! 노부인이 커다란 쇼핑백을 들고 한적한 시내를 걷고 있었는데, 두 남자가 그녀를 양쪽에서 붙잡았다. 그녀는 소리지르거나 주변에 도움을 청하지 않고, 오히려 자신의 짐을 두 남자에게 안겨 주었다. 그리고는 활짝 웃으며 말했다. "가방이 많이 무겁네요. 도와주시겠어요? 정말 친절하시군요." 이것이 바로 왼쪽 뺨을 돌려대는 방법 중 하나다. 용서란 것이 무조건, 고난을 감내하며 어리석게 당하고만 있으란 뜻이 아니다. 그런 태도는 스토아적 금욕주의다. 성경의 오른 뺨을 치는 자에게 왼편도 돌려대란 의미는 바보 같아 보이는 행동을 통해서 상대방의 마음을 녹이는 것이다. 지혜로운 바보로 세상 살기!

나가는 말

한국 교회의 잔치는 끝났다. 피안의 세계, 종말이란 상품 판매로 대박을 쳤지만, 이젠 그것으로 쪽박을 차게 되었다. 싸구려 은혜가 판을 치다 보니, 교회에는 은혜와 감동이 실종되었다. 이제 세상은 요구한다. 교회가 이 땅의 이야기, 이 땅에 임하는 하나님나라를 보여 달라고. 예수 믿으면 복 받는다는 간증은 이제 넌더리가 났다. 말씀대로 살다가 망했다, 그래서 행복하다는 말을 듣기를 원한다. 퍼주다 망한 교회!

산상수훈은 이 땅에서의 그리스도인, 예수 제자들이 살아가야 할 삶의 지표이다. 마태복음의 핵심은 하나님 나라이고, 하나님 나라의 삶의 토대는 산상수훈이다. 산상수훈의 중심은 주기도문이요, 주기도문의 핵심은 용서이다. "그러므로 너희는 가서 모든 민족으로 (예수의) 제자로 삼아서… 내가 너희에게 명령한 모든 것산상수훈을 가르쳐 지키게 하여라. 보아라, 내가 세상 끝 날까지 항상 너희와 함께 있을 것이다"마 28:19,20

산상수훈대로 살아가는 제자의 삶, 작은 예수의 이야기를 만들어 가자. 산상수훈대로 살아감으로 급진적 혹은 바보같다는 조롱이나 비난을 듣는다 할지라도, 우리를 구원하신 분의 신실함을 믿고 순종하자. 순종이 제사보다 낫다고 하지 않았던가! 한국 교회에 다시금 제자훈련의 바람을 일으키자. 책상에 앉아 성구를 암송하는 수준에서 벗어나, 신앙공동체에서 서로 부대끼면서, 형제의 얼굴에 비친 주님의 형상을 닮아가 보자. 그리고 세상을 향해 나가자. 평화의 아름다운 소식을 전하러.

"좋은 소식을 가져오며 평화를 공포하며 복된 좋은 소식을 가져오며 구원을 공포하며 시온을 향하여 이르기를 네 하나님이 통치하신다 하는 자의 산을 넘는 발이 어찌 그리 아름다운고"사52:7

저자서문

존 하워드 요더

이 책의 1부는 처음에 전문적으로 윤리학을 연구하는 내 동료들을 위해 쓴 것으로 윤리학 분야의 연구에 적합한 논리적이고 전문적인 세부사항들을 주석으로 달아 소개하였다. 하지만, 이 학술적인 글에서도 이미 논증이 구체적인 사례와 경험들을 함께 전개하고 있다. 왜냐하면 이 구체적인 사례와 경험들 역시 윤리학 연구의 자료이기 때문이다.

여러 동료들에게 감사를 전하고 싶다. 우선 1968년 10월에 열린 수양회에서 이 책의 개괄적 내용을 함께 구상한 일본 홋가이도의 메노나이트 연합의 지도자들과 더 폭넓은 독자들에게 유용하도록 글의 형식을 잡아준 베이즐 오 레리 형제Brother Basil O'Leary에게 감사드린다. 독자들이 읽을 수 있는 이런 책으로 나오기까지 힘써준 기독교 평화 문고 Christian Peace Shelf와 헤럴드 출판사Herald Press, 그리고 출판사의 요청에 따라서 원고를 다시 작성하는 일을 도운 론 피치J.Lorne Peachey와 구체적인 실례가 되는 자료들로 개정판을 더 풍성하게 채워준 데이비드 갈버S. David Garber에게 감사드린다. 또한, 종교 윤리 저널Journal of Religious Ethics의 편집자인 제임스 존슨James Johnson과 노트르담 대학 출판부가 내용을 편집하여 재출판하는 것을 허락해준 것에 대해서도 감사드린다. 지적인 도전으로써 윤리학의 더 논쟁적인 세부사항에 관심을 둔 독자들은 원문을 참조하기 바란다. JRE 2/2, 1974, pp. 81-105

필자가 논의하는 시범적 사례들은 필자뿐 아니라 다른 사람들도 그 반응에 공감할 수 있는 보편적인 사례들이다. 이 책에서 제시하는 반응들이 독자적인 것이 아니라 비슷한 도덕적 헌신과 통찰을 얻은 광범위한 정신적 흐름이나 공동체를 대변하고 있음을 보여주는 여러 사례들을 인용하도록 허락해준 분들과 출판사에 감사드린다.

세 종류의 자료들로 분리된 이 책의 각 장은 의미 있게 서로를 보완해 주고 있다. 2부에서는 필자보다도 먼저 같은 도전에 직면했던 저자들이 평화주의자들이 생각지도 못하고 결코 대답할 수 없으리라고 생각했던 사람들과의 논증에 맞서 설득력있는 답변을 제시하고 있다.

3부에 나오는 개인적 경험들은 폭력적 반응이 모든 위협에 대한 유일하고도 가장 합리적인 대응이 아니라는 것을 구체적으로 보여주고 있다. 이처럼 1부의 다소 추상적인 나의 분석은 2부의 이와 유사한 결론을 제안한 저자들의 사고와 3부의 실제 경험담들과 연결되어 더욱 공고해 진다. 그러므로 질문을 통해 상정되는 최악의 경우들도 여기서 실제 경우들까지 포함한 세 가지 단계의 답변을 발견하게 된다.

이 증보판에는 2부에 데일 아우커만의 또 하나의 글과 3부에 앤지 오고만, 페기 파우 기쉬, 아트 기쉬 그리고 로렌스 하트의 글들을 추가하였다. 기독교 평화에 관한 참고문헌 자료들도 갱신하였다.

1부, 진지하게 문제 고려하기

전쟁과 평화에 대한 어떤 진지한 논의에서든 틀림없이 누군가는 다음과 같은 일반적인 질문을 제기할 것이다. '**가령** 한 범죄자가 총을 꺼내서 당신의 아내—또는 딸, 여동생, 어머니, 그가 마음먹은 누구든—를 죽이겠다고 협박한다면, 당신은 **어떻게 할 것인가?**' 신학교 교수들로부터 징병위원회 위원에 이르기까지 수많은 사람이 이 질문을 전쟁은 잘못된 것이라는 평화주의자들의 일관된 생각을 검증하기 위한 하나의 수단으로 여긴다.

앞으로 살펴보겠지만, 이러한 질문이 전쟁이라는 문제를 정당하게 대변하는지, 또는 평화주의자들이 그 질문에 대해예수가 평화를 가르치셨으니 우리도 그를 본받아야만 한다는 식으로—옮긴이주 천편일률적으로만 대답해야 할 것인지에 대한 진지한 의문을 제기할 수 있다. 그러나 이러한 질문이 자주 제기되기 때문에 해명해야 한다. 이 해명은 결연하면서도 희생적인 기독교인의 헌신적인 사랑 이면의 논리를 설명하는데 도움이 될 것이다.

그러나 이 해명은 신중을 요하며, 독자들은 지루한 분석과정을 참아야 한다. 왜냐하면, 이러한 태도만이 이 질문을 감정적인 데서 이성적인 수준으로 옮겨 놓기 때문이다.

나는 우선 질문의 성격을 명확히 하고 그것의 이면에 있는 몇 가지 가정들을 살펴본 후 그 가정들의 타당성을 검증할 것이다. 그리고 거기서부터 "만약 …라면 어떻게 할 것인가?"라는 위기상황이 일어났을 때, 우리가 할 수 있는 선택들을 알아보게 될 것이다. 그런 다음 이 선택들을 기독교인의 윤리적 책임에 비추어 보고 더 나아가 이 질문을 제기하는 사람이 가정하듯이, 이 질문이 전쟁이라는 문제에 적용될 수 있는지를 검토할 것이다.

문제 이면의 전제들

이 문제를 다루려면 논증의 이면에 있는 명확히 진술되지 않은 가정들을 밝혀내야만 한다. 변수없이 어떤 특정한 일련의 행동양식을 낳는 단순한 상황 같은 것은 존재하지 않는다. 어떤 상황에서든 그 상황을 외부적인 변수들을 고려하지 않고서는 이해할 수 없다. 그래서 "만약에 당신이라면…?"이란 질문을 분석하기에 앞서 질문을 던지는 사람의 가정들에 대해 이해할 필요가 있다.

1. 결정론

일반적으로 이 질문은 방어하는 쪽에서 질문하는 사람 자신만이 어떤 결정을 하는 쪽이라고 가정한다. 특정 상황에서 타인과 방어자와의 관계는 미리 정해진 틀 안에 들어있다는 것이다. 가령, 공격자는 그가 할 수 있는 ─아니면 적어도 그 공격자의 마음을 붙잡고 있는─ 가장 나쁜 악을 수행하도록 미리 프로그램 되어 있다. 그 공격자의 의지적 결단이나 다른 방식의 반응을 기대할 수 없다.

제기된 질문은 잠재적인 희생자편의 어떤 결정권도 허용하지 않는다. 결정권은 오직 방어자에게만 있다는 것이다. 말하자면, 내가 어떻게 반응하는가가 상황의 결과를 결정한다는 의미다.

이러한 결정론적 가정은 인격과 하나님의 뜻에 대한 기독교의 이해와 비교해서 이후에 다시 살펴보게 될 것이다. 이 문제를 보는 두 가지 다른 관찰이 필요하다.

가. 기계적 모델이 적용되지 않는 가장 극단적 예는 전쟁 상황이다. 전쟁에서는 **행동의 선택**에 있어서 다양한 당사자들이 복잡하고 앞뒤가 맞지 않는 결정을 내리기 때문에, 나머지 모든 당사자에게는 좋지 못한 영향을 준다. 결과적으로 그들 중 누구도 한 편에서 어떤 결정을 내렸을 때, 어떤 상황이 초래될지 예측할 수 없다. 또 다른 이들은 동시에 그들의 행동에 의해서 상황을 변화시키면서 행동을 하고 있다.

나. 개인간에 일어나는 더 작은 규모의 공격에서도 자신이 내린 것이 유일한 결정이라고 가정하는 것은 합리적이지 못하다. 사건이라는 것은 기차가 레일 위를 달리듯이 공격자와 방어자가 정해진 두 경로를 따라 진행되지 않는다. 방어자 역시 그 두 경로 중에서 한 경로를 택하도록 제한되어 있지 않다.

하지만, 어떤 의미에서 이 결정론적 가정이 바로 결정론적 결과를 초래한다. 달리 말해, 방어자 스스로 선택의 여지가 없다고 말한다면 다른 선택의 가능성들은 더 적어진다. 마찬가지로 방어자가 그러한 선택을 기대하지 않는다면, 나는 그러한 선택을 가능하게 할 창조적 능력을 덜 느끼게 될 것이다. 이와 같이 한계는 상황 속에 있는 것이 아니라 내 마음 안에 있다.

2. 통제

기독교 평화주의를 반대하는 사람들은 최소한 방어자가 전적으로는 아니더라도 실질적인 상황 통제능력을 가지고 있다고 가정한다. 만일 자신이 공격자를 막으려고 애쓴다면 막을 수 있다고 가정하는 것이다. 물론 어떤 경우에 이것은 사실일 수 있지만, 많은 경우에 이것은 결코 보장할 수 없는 것이다. 공격자가 주는 위협의 심각성이 클수록 내 위치에서 모든 수단을 동원해 그를 막을 수 있는 가능성은 줄어든다.

이것을 전쟁 문제에 적용해 보자. 고전적 **정전론**正戰論: just war에서는 어거스틴이나 아퀴나스에서 보는 바와 같이—옮긴이주 전쟁은 성공할 가능성이 높다는 전제가 뒷받침 된다. 패배할 것이 확실한 전쟁을 시작한다는 것은 터무니없는 생각이다. 이 경우 사회는 자신이 가하는 악과 피하고자 했던 악 모두로 인해 고통받을 것이기 때문이다. 이것은 당하고 있던 위협이 얼마나 컸든지 간에 그 악을 기꺼이 받아들였을 경우보다도 더 나쁜 결과를 가져오기 마련이다.

이 기준이 전쟁과 혁명적 폭력에 적용되면 그 결과는 괄목할 만하다. 가령, 아돌프 히틀러를 제거하기 위해 유명한 개신교 신학자 디트리히 본훼퍼Dietrich Bonhoeffer가 개입한 공모는 도덕적인 이유로 폭력을 무조건 금지하는 것에도 예외가 필요하다는 것을 옹호하기 위한 예로 인용된다. 본훼퍼의 암살기도는 실패로 끝났지만, 만일 이 암살기도가 히틀러 정권에 미친 영향이 있다고 한다면, 그것은 최후의 피 한 방울까지 흘리며 싸우고자 하는 그들의 편집증적 결의만을 강화했다는 것이다. '성공 가능성'의 척도에 의하면 그러한 시도는 잘못이었다. 그러나 그와 같은 방식으로 질문을 던지는 사람들은 이 사실을 외면한다.

콜롬비아의 사회학자이자, 신부인 까밀로 도레스Camilo Torres의 영웅적인 희생도 마찬가지다. 그는 게릴라전에 참가하면서 이러한 자신의 행동을 사랑의 행위라고 변호하였다. 그것이 사회적 압제를 철폐할 수 있다고 믿었기 때문인데 결국 또레스와 그의 동료 투사들은 죽임을 당했을 뿐 아니라 그들의 군사행동이 대의명분에 어떻게 긍정적으로 이바지했는지는 가늠할 길이 없다.

모든 극단적인 대치 상황에서는 공격 실패 확률이 매우 높아진다. 더구나, 갈등 당사자들이 예외적인 압력 아래서 낯선 방식으로 행동하게 될 때 그 가능성은 더욱 줄어든다.

어느 전쟁이든 적어도 한 쪽이 패하거나 두 쪽 모두 패할 수 있다. 상대방을 성공적으로 공격했다고 자부할 수 있는 결과를 얻는 경우는 확률적으로 더욱 낮다. 그것은 작은 규모에서는 공격자가 힘이 세거나 사전계획 하에 무장되어 있기 때문이고, 국제적 규모에서는 어떠한 상위 권력에 의해서도 전쟁의 많은 국면들을 확실하게 통제할 수 없기 때문이다.

따라서 폭력이 대체로 성공할 수 있는 경우는 일반적이지 않다. 그렇다면, 왜 폭력을 통한 성공적 결과에 대한 의문을 가진 이들을 이상주의자들로 분류해야 하는 것일까?

3. 지식과 정보

"이런 상황에서, 당신이라면 어떻게 할 것인가?"라는 질문은 당사자들이 완전하지는 않더라도, 최소한 충분하고도 신빙성 있는 정보를 이용할 수 있다는 것을 전제하고 있다. 이는 방어자 편에서 볼 때 사건들이 정해진 길을 따라서 진행될 것이라는 것 뿐 아니라 방어자가 그 정해진 전개에 대해 사전에 알고 있다고 가정하는 것이다. 방어자가 침입자를 죽이지 않는다면, 침입자가 그의 아내를 강간하고, 딸을 죽이고, 그를 해치는 등등의 순서를 예상한다. 방어자는 공격자를 죽이려고만 한다면, 반드시 성공할 것이라고 아는 것이다.

이러한 추론은 심지어 개인적인 차원에서도 의심스럽다. 어떤 싸움이든지 그 결과를 예측한다는 것은 불가능하다. 국제적인 수준에서 이 사실은 더욱 분명해지는데, 군사작전 기획자가 가설적인 상황들을 구상해 시나리오를 기획할 때, 어떤 시나리오든지 적의 심리를 판단할 때 실험을 통해 검증이 불가능한 가정을 담고 있다. 가령 러시아인들이나 중국인들이 다양한 핵 상황에 어떻게 대응할 것인지를 연구하는 미군의 두뇌집단은 정상적인 러시아와 중국의 지도자들이라면, 이러저러한 위협에 어떻게 반응할 것인지 정확히 알고 있다고 주장해야 하는 것이다. 그러나 그러한 추측들이 매우 상세하고 정확한 정보로 컴퓨터에 입력된다고 하더라도, 전혀 전례가 없는 위기상황에서 실제 어떤 반응이 일어날지 아무도 정확히 예견할 수 없다.

여러 사람이 동시에 결정을 내려야 하는 상황이 벌어지면- 더구나 모두가 다른 이들의 예측에 대한 자신의 예측을 근거로 하고, 적어도 부분적으로 서로를 속이려는 상황에서- 즉시 우리는 한 가지 사실에 대해서 확신하게 되는데 그것은 어떤 사람도 무엇이 일어날지 확실한 지식을 확보하고 있지 않다는 사실이다. 분명히 텔레비전이 제시하는 것보다 갈등에 대해 더 깊이있는 시각을 가진 사람이라면 상황의 복잡성과 그로 인한 사건의 진행이 예상대로 되기 어렵다는 것을 인지하고 있다. 그리고 이것은 특별히 폭력을 사용해 생길 수 있는 긍정적인 결과들을 예견할 때 더욱더 사실로 드러난다.

4. 개인주의

흔히 제기되는 질문은 방어자의 결단과 그 사건이 개인적인 문제들이라는 사실을 가정하고 있다. 이러한 가정은 "…라면 어떻게"라는 상황이 전쟁의 사회적 제도적 차원과 무관한 것으로 만들어 버린다. 이뿐 아니라 이 가정은 특정한 구체적 사례에서조차도 타당하지 않다.

위협을 받고 있는 사람나의 아내, 어머니 또는 딸 역시 자신의 삶에 스스로 책임을 지는 존재이고, 따라서 내 결정 과정 가운데 고려되어야 한다. 만일 이 피해 여성이 나와 가치를 공유하는 사람이라면 그녀도 방어자와 같은 마음으로 행동할 것이다. 그 상황에서 제삼자인 내가 그녀가 원하지 않는 방법으로 그녀의 적에 대응한다는 것은 분명 옳지 않다. 적어도 어떤 기독교 여성들은 치명적인 폭력을 통해 보호받기를 원하지 않을 수도 있는 것이다.

5. 자기 의義

이러한 생각 뒤에는 자신이 의롭다는 생각이 깔려 있다. 다시 말해, 내 생각에 따라서 최선의 결과가 나올 것이라고 자만하고 또한 자신이 판사, 배심원, 그리고 집행관의 역할을 할 도덕적 자격을 갖추었다고 지레 생각한다. 심지어 자신의 복지와 이득이 상대방의 희생을 요구하는 어려운 상황 앞에서조차도 자신은 떳떳할 수 있다고 믿게 된다.

비판적 객관성이 결여되었다는 것은 모든 가정들 중에서 가장 부적절한 것일 수 있다. 우리는 대개 개인들이 충분히 객관적 입장에 있지 않다는 것을 알고 있다. 집단이나 국가 차원으로 가면 더욱 권력의 핵심이 자신의 이기적인 유혹 앞에서 정당한 판단을 내릴 수 있다고 생각하기란 쉽지 않다. 라인홀드 니버Reinhold Niebuhr, 1)가 지적하듯이 개인보다 집단이 지속적으로 더 이기적인 성향이 있다. 이 이기적인 성향은 권력이 클수록 그리고 자기비판 능력이 더 적을수록 더욱 높아진다.

6. 다른 가능성들

'당신이라면 어떻게 하겠는가?' 라는 흥미로운 질문의 허점은 그것이 내가 잘못되었다고 생각하는 상대의 행동이 나름의 마땅한 이유들에서 비롯될 수 있다는 가능성을 배제한다는 데에 있다.

이런 식의 사고방식에서는 범죄자가 필요한 것보다 더 가진 사람들의 집에서 단지 자신의 굶주린 어린이들을 위해서 빵을 찾아다닌 장발장일 수 있다는 가능성의 여지는 조금도 없다. 또한 범죄자가 들고 일어나 억압적 질서의 상징물이 상징물이 다른 사람들에게는 특별하지 않을지 몰라도 전에 노예였던 사람에게는 큰 의미를 지니는 상징일 수 있다을 파괴하는 것으로 밖에는 자신의 인간으로서의 존엄성을 표현할 수 없는 억압받는 사람일 수 있다는프란츠 파농Frantz Fanon의 이론에서처럼, 2) 일말의 가능성을 남겨 두지 않는다.

문제에 대한 감정적 왜곡

만일 위협하는 자와 위협당하는 사람의 상황이 이성적인 수준에 머물러 있다면 논리적으로 토론하고 답하기 훨씬 쉬울 것이다. 그러나 이 문제가 놓이는 상황은 그렇게 간단하지 않다. 가족과 사랑하는 사람들 간의 유대관계와 얽혀 결국 문제는 이성적인 동시에 감정적 차원으로 확대된다. 이러한 감정적 왜곡은 상황에 대한 일반적인 옳고 그름의 논의가 이루어지게 하는 대신, 자기 방어의 연장 차원에서 상황을 사회적 무질서와 성적 위협이라는 요소들과 연루시켜 개인화한다.

또한, 방어자 자신의 정체성과도 밀접한 연관이 있다. 즉, 야만적인 위협에 자신도 야만적으로 대응하지 않으면 남자답지 못하다는 생각이 암묵적으로 있는 것이다. 이런 생각은 자신이 종종 스스로의 원칙들에 충실하지 않다는 것을 상기시킨다. 이러한 감정적 응어리들은 살인이 원칙상 도덕적으로 정당화되는 조건들에 대한 논의와 무관하지만, 제기된 문제는 이것을 십분 활용하고 있다.

이러한 사례는 방어자가 책임을 지고 있는 사람들의 보호자 역할을 해야 한다는 남성성에 감정적으로 접근할 뿐 아니라 성차별적 논쟁이 되기 쉽다. 그것은 잠재적인 피해자가 의존적인 존재 즉, 더 강한 남성의 보호가 필요한 여성이라는 것을 가정하고 있다. 피해 여성은 단지 하나의 대상으로서만 참여하고 있다. 공격자가 여성이고 피해자가 남성이라면 가정한다면 이 논증은 어떻게 될까?

논증의 목적들을 위해 이 도전적인 문제제기를 전통적인 피해자 여성과 방어자 남성이라는 도식안에서 살펴보겠지만, 그렇다고 그것의 성차별적 성격까지 묵인하는 것은 아니다. 이러한 틀 안에서는 도덕적으로 자신의 양심에 따라 폭력을 포기하도록 남성을 격려하는 것이 더 어렵다. 그러나 만일 이것이 가능하다고 하면 이 질문은 다른 상황들 안에서도 바르게 재정립되어야 할 것이다.

이 질문의 감정적인 측면은 특히 토론폭력 행사의 정당성을 둘러싼—옮긴이 주이 자신이 아닌 타인을 보호해야 한다는 의무에 집중될 때에 더욱 두드러진다. 다음과 같은 질문은 논증의 이런 측면을 부각시킨다. "기독교인으로서 당신을 공격하는 자를 사랑하는 마음으로 당신 자신의 행복을 희생할 권리를 가질 수는 있다. 그러나 당신이 책임 지는 다른 이들의 행복을 희생시킬 권리가 있는가?"

이와 같은 주장은 겉보기에는 이타적으로 보이지만, 실상 그 이면을 깊게 파고 들어가보면 논증의 진정한 성격을 왜곡하고 있음을 알아야만 한다. **자신의** 아내와 자녀를 위해 방어하는 이유가 그들이 바로 자신의 소유물이기 때문이라면, 이것은 이타주의를 가장한 이기주의에 불과하다. 예를 들어, 이 주장은 우리 미국인들에게 공격당한 베트남인의 아내들과 아이들에 대해 같은 책임을 묻지 않는다. 공격자의 아내나 아이들에 대한 어떠한 관심이나 배려도 없다. 이 주장대로라면 아내와 아이들을 방어해야 하는 이유는 그들이 나의 **이웃들**, 즉 죄없이 위협당하는 제삼자이어서가 아니라 그들이 바로 **자신의** 것, **자신의** 소유물이기 때문이다. 따라서 이것은 이기주의적인 행동에 불과하며, 겉으로는 다른 사람을 위하는 것처럼 보일지라도 근본적으로 여전히 자기본위적일 수밖에 없다.

오늘날 자기중심성이라는 것이 반드시 나쁜 것은 아니라는 인식이 널리 퍼져 있어서 "네 자신의 유익을 구하지 말라"는 격언이 누구에게나

마땅한 도덕적 원칙으로 받아들여지는 것은 아니다. 사실, 어느 정도의 자기애自己愛는 심리적인 건강과, 맡겨진 일들을 잘 해내기 위한 동기부여를 위하여 필요하다고 누군가는 말할 수 있다. 그러나 자기중심성 또는 이기주의를 자기중심성 또는 앞으로 대응하는 방식의 근거로 삼는 것은 문제에 대한 기독교적 접근방식이 아니다. 기독교는 적과 범죄자의 존엄성을 확신하기 때문에 자기 존엄성과 자기 생존이라는 가치에 절대성을 부여하지 않는다. 잠재적 피해자는 이웃이고 그래서 도움을 받아야 마땅한 것은 명백하다. 그러나 공격자 역시 그 순간에는 이웃이므로 공격자와 피해자 사이를 구분하여 나와 가까운 가족을 공격자의 가족보다 우선하는 이웃으로 여기는 것 또한 이기주의의 한 형태이다. 다시 말하지만, 이것 또한 기독교적 윤리의 선택과 결정의 충분한 기초가 될 수 없다.

전쟁은 다르다

우리는 이미 자기 방어와 전쟁을 동일 선상에서 이해할 수 없는 몇 가지 점을 살펴보았다. 여기에 대해 우리는 좀 더 생각해 볼 필요가 있다. 심지어 살인을 통해서라도 공격자로부터 나의 가족을 방어해야하는 것이 기독교인의 의무라는 것에 동의한다 해도, 자기 방어와 전쟁은 전혀 다른 문제라는 점에 비추어 나는 일관되게 모든 전쟁을 거부할 수 있을 것이다.

개별적 공격의 경우, 방어자의 폭력의 대상이 되는 것은 공격을 한 사람이다. 옆에 있는 무고한 사람들을 해칠 위험은 비교적 적다. 더군다나 공격자의 집에까지 가서 그의 가족을 파괴할 일은 없다.

그러나 바로 이러한 일이 현대 전쟁에서는 일어난다. 고통을 겪는 사람들 대부분은 공격자나 폭행자(핵 공격에서는 이 구분이 분명하지 않을 수 있지만)가 아니다. 실제로 공격을 하는 전투기 조종사들이나 미사일 조작자들은 정작 공격을 결정한 고위 정치인들이나 장군들과 마찬가지로 화염 속에 있게 되는 대부분의 민간인들보다 해를 입을 가능성이 훨씬 적다.

베트남 전쟁은 이러한 공격자에 맞서는 개별적 대응과 현대전에서 벌어지는 상황 사이의 모순적인 간극을 잘 보여주었다. 이 전쟁에 대한 주장 중 하나는 미국인들이 자신들을 '켈리포니아 해변'에서 방어할 필요가 없도록 하자는 것이었다. 베트남의 비극은— 명분상 '우리'가 자처하여 북부에 맞서 남부를 '방어'해주기로 한 것이지만— 중국과 대항하기 위한 장소로 베트남을 이용했다는 점에 있다. 이성적이고 공정하기 위해서는 침략자의 이미지가 바뀌어야 한다. 이웃 나라가 미래에 자국을 공격할지 모른다는 핑계로 그 나라 영토에 들어간 것이 미국 군대였다. 개인적 차원으로 비유하자면 우리의 이웃이 언젠가 우리가 자기의 집을 공격할지 모른다는 이유를 들어 우리 집에 들어와 내 아내와 싸우는 것과 다를 바 없다.

전쟁과 자기방어를 요구하는 상황 사이의 또 다른 차이는 관할권의 문제다. 개인적 위협의 경우, 공격자와 희생자 그리고 방어자인 내가 모두 같은 법률 아래의 한 공동체 안에서 살고 있다. 우리 모두는 공격자를 포함해서 공격자가 국가의 법이 범죄라고 규정한 일을 저지르고 있고, 만일 체포된다면 처벌을 받을 것이라는 사실을 알고 있다. 만일 경찰이 없는 현장에서 내가 자기 방어적인 행동을 한다면 그 방어적 행동은 경찰과 법정의 판결을 받게 된다. 그리고 그것은 내가 위협의 성격과 그 명백함을 증명할 수 있을 때에만 정당화될 수 있는 것이다.

그러나 이러한 과정들은 어느 것 하나도 전쟁에는 동일하게 적용시킬 수 없다. 전쟁 상황에서는 무엇이 공격을 유발하였는지, 어느 쪽이 무고한지에 대해 분명하게 정의하기가 쉽지 않다. 더군다나 정당하다고 주장하는 방어의 타당성을 판단할 수 있는 상위법정은 사실상 존재하지 않는다. 한 나라의 대응이 합법적인 선을 넘은 과잉방어였는지 결정할 수 있는 통상적인 판례가 없는 것이다.

권위의 문제에서도 비교가 가능하다. 방어해주어야 하는 상황이라면, 희생자는 분명히 내 집안에 있게 될 것이므로 나는 아무런 이의없이 방어 할 '정당한 권위'를 갖게 된다. 그러나 전쟁에서는 공격의 윤곽이 뚜렷하게 드러나지 않고 방어행위도 자신의 영토에서만 일어나는 일은 좀처럼 없다.

또한 준비의 문제에도 이런 비교분석이 가능한데 내 집을 지키는 데는 최소한의 준비, 즉 무기 하나면 충분하다. 그렇지만, 전쟁은 국가가 수년간 큰 비용을 들여 준비하지 않으면 불가능하다. 만일 이웃들이 집에 총이 있다는 사실을 알게 될 경우, 집에 침입하려는 시도를 (물론 그 사실은 우리 가족에 다른 위험요인들을 불러오겠지만) **단념시킬 수 있**

다. 그러나 국가가 무기를 축적하면 국제적 긴장은 완화되기는커녕 오히려 고조된다.

긴급사태에 대한 예방대책의 발달은 일어나지 않을 수 있었던 여러 유형의 군사 작전을 오히려 가능하게 하고 있다. 최후의 수단으로 서랍에 권총 한 정을 가지고 있을 수 있다(실제로는 집안에 보관된 권총이 침입자보다는 가족들에게 더 자주 사용되기는 하지만). 그러나 그러한 최후의 수단이 국제적인 범위로 제도화되면 그것은 단지 미리 계획되고 점점 확대된 또 하나의 '정치적 도구'로 사용될 뿐이다.

전쟁과 자기방어 사이의 차이는 그 결정 과정을 살펴보면 명백해진다. **"당신이라면 어떻게 할 것인가?"**라는 질문이 개인에게 던져지면, 주어진 시간과 장소 안에서 결정해야 한다. 그러나 전쟁에서는 정부의 최종책임자라 하더라도 한순간도 분쟁에 대한 찬반여부를 자유롭게 결정할 수 없다. 심리적 압박감과 촌각을 다투는 결정력, 그리고 이 가설의 상황을 특징짓는 독특한 순간적 위협과 같은 ─그래서 한편으론 범죄자를 살해하는 일을 정당화하는 근거로 사용하는─ 이러한 요소들은 전쟁에는 전혀 해당되지 않는다.

집안에 총을 가지고 있다는 것이 우리 가족관계의 분위기를 완전히 바꾸지 못할지는 모르지만, 국가경제를 전쟁에 대비하기 위해 군軍─산産─통신通信─감시監視의 복합체로 전환하여 가동하면 국민의 구체적인 삶에 큰 변화를 가져온다. '자유' 다시 말해, 국가의 주권를 지킨다고 하는 바로 그 노력이 대체로 진정한 자유를 희생시키는 결과를 초래한다.

개인적 위협과 전쟁 사이에는 또 다른 차이가 있다. 만일 내가 나의 가족을 위협하는 사람을 죽인다 해도 그것이 또 다른 범죄로 확대될 가능성이 비교적 적다. 그러나 전쟁에서는 실질적으로 악순환이 점점 늘어나는 것을 피할 수 없다. 이제까지의 큰 전쟁들은 모두 지속될수록 처음 생각했던 것보다 훨씬 큰 규모의 파괴를 발생시켰다. 어떠한 윤리적인 고려에서든 방어하려는 대상과 비교하여 무력을 사용한 방어를 통해 잃게 될 것이 무엇인지 반드시 생각해야 한다. 전쟁 비용은 늘 전쟁을 옹호하는 자들이 애초에 계산한 것을 초과하기 마련이다.

마지막으로 개인간의 충돌과 나라간의 충돌이 서로 다른 지점은 죄와 결백의 문제에까지 이른다. "만약 누가 (당신의 …에게 …한다면)?"의 상황에서 명백히 그리고 유일하게 죄를 지은 사람은 공격자이다. 그의 야만성은 부분적으로 그의 환경 탓일 수 있지만, (물론 그것이 그의 도덕적 책임을 덜하게 하는지에 대해서는 의견이 분분하겠지만) 명백한 것은 공격자인 그에게 그럴 권한이 없다는 사실이다. 하지만, 전쟁에서는 부당한 야만적 공격이라 따로 구분할 만한 특정 행동을 찾아내기가 여간 어렵지 않다. 양심 있는 정치사상들이라면 모두 하나같이 국제적 분쟁에서 '사악' 하고 '깡패' 같은 이론들은 피하라고 경고하고 있다.

이쯤에서, 사회적 입장의 평화주의와 개인적 제자도로서의 평화주의 그리고 그 둘 사이의 연결고리에 대한 끊임없는 논쟁을 일으키는 대강의 각본과 몇 가지 혼동된 점들이 분명해진다. 전쟁과 개인적 자기 방어 사이에는 어떤 분명한 유사성도 존재하지 않는다. 간디Mohandas Gandhi 와 토마스 머튼Thomas Merton의 경우, 이들은 자신의 직계 가족이나 자신을 방어하는데 필요한 폭력의 정당성은 주저없이 인정했다. 그러나 이것을 자신들이 거부하는 모든 종류의 사회나 국가적 명분 아래 조직화되는 폭력에 대한 타협으로 보지 않았다.

레오 톨스토이는 윌리엄 제닝스 브라이언William Jennings Bryan이 그에게 제기한 "만일 당신이라면?"의 질문에 대한 답에서 어떻게 두 가지 상황이 완전히 다른지를 보여준다. 톨스토이는 그가 75년을 살면서 결코 어디에서도 한 아이를 그의 눈앞에서 살해하거나 폭행하는 완벽한 가설 속의 살인자를 만난 적이 없지만, 전쟁에서는 수백만이 용인된 살인을 저지른다고 대답하였다. 톨스토이는 "내가 이렇게 말하자, 내 친구는 말이 채 끝나기도 전에, 그 특유의 빠른 이해력으로 웃으며 나의 논증이 충분하다고 동의했다"3)고 한다.

명확한 검토를 위해 기존의 논증을 기꺼이 받아들였지만, 이로 인해 이 논증이 제도화된 사회적 강압의 틀 안에서 실제로 일어나는 현실을 근본적으로 반영하지 못하고 있다는 사실을 잊어서는 안 될 것이다. 제시된 시범사례는 전쟁 상황과 다를 뿐 아니라, 일반적인 사회적 책임에 대한 관심을 왜곡시킬 수도 있다. 만일 자신의 사랑하는 자들을 보호하기 위해서, 집에 총을 한 자루씩을 가지고 있어야 한다면, 사회의 모든 가정이 총을 가졌다는 이 사실이 사회에 미치게 될 영향을 무엇일까? 모든 시민이 법 대신 자신의 손으로 맞설 준비가 된 사회라면 범죄율이 더 낮아질까?

가능한 선택들

"만일 당신이라면?"의 질문 배후에 있는 가정들을 충분히 살펴보았으니 이제 윤리적 결단 그 자체로 관심을 돌려보자. 우리는 이 질문에 어떻게 답해야 하는가?

우선, 이 질문을 던지는 사람은 단순히 '예' 나 '아니요' 의 답을 원한다는 것을 알아야 한다. 대부분의 경우, 질문이 의도하는 유일한 선택들은 방어그것도 불가피하게 죽음을 초래하는 아니면 무방어역시 최악의 상황을 초래할 것이 분명하다고 가정하는 이다.

그러나 이런 식의 질문은 문제를 터무니없이 비논리적으로 제기하는 것이다. 분명히 여러가지 다른 결론들이 가능하다. 가능한 결론을 오직 두 가지로 미리 상정하고 토의를 시작한다면, 논증을 치우치게 만들 것이다.

그렇다면, 다른 다양한 결론/선택들은 무엇인가?

1. 비극

한 가지 가능성은 완전한 비극이다. 이 경우 공격자는 그의 악한 계획들을 실행에 옮기는 데 성공하는 것이다. 대부분 사람의 마음에 이것은 온전한 재앙으로, 하나님이 허용하지 않을 악이며 앞으로 영원히 증오로 남을 사건인 것이다. 평화주의 입장을 비판하는 사람들은 이러한 비극을 필요하다면 어떤 대가를 지불하든지 반드시 배제되어야 하고, 공

격자의 행동들을 저지하는 누군가의 개입없이는 반드시 다시 일어날 것
으로 본다.

2. 순교

위협의 상황에서 또 하나의 진지한 가능성은 순교이다. 어떤 고통은
그것이 나쁜 것으로 인식됨에도, 하나님의 구원의 목적 안에서 그 존재
이유를 갖는다. 어떻든 우리 모두 언젠가는 죽을 것이고, 우리가 사랑하
는 이들도 마찬가지로 죽을 것이다. 따라서 마치 무고한 죽음을 모든 상
황에서 어떤 대가를 치르고서라도 절대로 피해야 할 것으로 간주하면서
이 문제를 논한다는 것은 불합리하다.

역사 속에서 악을 행하는 자들에 맞서 기독교의 방식으로 대항하다
죽은 신자들이 많이 있었다. 시간이 흐르면서 이러한 순교적 죽음은 중
대한 의미를 갖게 되었고, 심지어 교회의 참된 성격을 대표하는 것으로
까지 여겨지고 있다. 이러한 기독교 제자들의 죽음은 그들을 해하려는
사람들을 살해하면서까지 생존해서 그들이 할 수 있었을 기여보다 하나
님의 대의와 세계의 안녕에 더 크게 이바지한다. 이후로도 순교자들은
경외심으로 영원히 기억되기 때문이다.

또한, 순교라는 것이 특정 종파에 국한된 비이성적이고 감성적인 논
의나 합당하지 않는 종교적 고찰 속에서만 볼 수 있는 것이 아니다. 마
르크주의, 민족주의 운동, 그리고 시민권 운동들에도 그들만의 순교자
들이 있다. 공산주의의 로자 룩셈부르크Rosa Luxemburg, 카스트로이즘
의 체 게바라Che, 아메리카니즘의 커스터Custer와 알라모Alamo같은 순교

자들이 있다.

가. 순교자로서의 희생자

만일 방어해줄 사람이 아무도 없는 상황에서 누군가가 해를 당하면, 대부분의 사람은 그것이 경솔한 모험의 결과라기보다는 무고한 죽음이었다고 말할 것이다. 어떤 이들은 그러한 고난을 무의미한 비극이나, 심지어 하나님이 존재하지 않는 증거, 또는 이 세계가 가진 무의미하고 악한 본성이라고 판단할 것이다. 그러나 또 다른 이들이 볼 때 이러한 살해는 그런 일이 다시 일어나지 않을 세상을 만들어가기 위해 필요한 새로운 헌신을 불러일으키는 매개체이다. 비극은 이렇게 순교로 전환된다.

나. 순교자로서의 방어자

그러나 이보다 여러 측면에서 순교에 더 부합하는 의미의 희생은 내가 공격자를 죽이지 않고, 공격자가 원래 의도했던 희생자 대신에 나에게 공격을 집중하도록 개입하는 것이다. 다른 이의 생명을 구하기 위해 자신의 목숨을 무릅쓰는 행위는 대부분 불이나 자연재해, 도주하는 자동차나 군사적 적군에 맞설 때에나 적합하다고 여기는 일종의 영웅적인 용기이다. 그렇다면, 희생자가 위험으로부터 벗어날 수 있도록 자신의 목숨을 무릅쓰는 이 행위를 "만일 당신이라면"의 질문에 대한 첫번째 논리적 대안으로 삼지 못할 이유가 무엇이겠는가? 결국, 우리를 가장 고통스럽게 하는 것은 죽음이 아니다. 신자의 죽음은 하나님의 뜻과 연관되어 이 세상 악에 대한 승리의 한 방편이 될 수 있다.

3. 또 다른 출구

미래에 대한 모든 정직한 성찰은 그 미래의 불확실성을 인정해야만 한다. 결코, 두 가지의 선택만 존재하는 경우는 없다. 이 때문에, 예측할 수 없는 좋은 결과 역시 가능하다는 사실을 논리상 배제해서는 안 된다. 그렇다면, **논리적으로** 좋은 결과를 일어나게 할 수 있는 두 가지 방법에 대해 생각해 보자.

가. 자연적인 출구

나의 어머니나 딸 또는 아내를 공격하려는 사람을 볼 때, 아마도 나는 공격자를 감정적으로 무장해제시킬 수 있는 방법이 무엇인지 생각해보게 될 것이다. 그것은 아마도 사랑의 제스처나 설득력 있는 도덕성을 보여주거나, 또는 내가 전혀 해를 끼칠 수 없는 무방비상태를 증명하는 등 그를 심리적으로 무장해체 시킬만한 것들이야 할 것이다. 그를 죽이지 않을 정도의 힘이나 꾀를 사용할 수도 있을 것이다. 그가 원한다면 돈을 건네줄 수도 있을 것이다. 중간에 끼어들어 희생자를 도망가게 할 수도 있을 것이다.

이러한 해결책은 자전적인 종교적 저술들 속에 놀랄 만큼 자주 등장하는 데 과거의 수많은 궁지에 몰렸던 상황 속에서 이러한 해결책이 사용되었다. 만일 방어자가 매우 호전적인 사람이 아니고 무기를 소지한 상태도 아니며 더욱이 그가 하나님의 개입하심을 믿는 사람이라면 이러한 방법들이 사용될 가능성은 더 높다. 그러므로 실제로 사용된 예를 찾기도 쉬운 것이다.

그러나 만약 내가 미리 다른 방법은 없다고 스스로 단정지었거나 손쉽게 난폭한 방어책을 사전에 생각해 두었다면 다른 해결책을 찾기는 더 어려울 것이다. 반대로 사전에 그런 폭력적인 해결방안을 스스로 금한다면 창의적인 대응방법을 모색하기는 더 쉬울 것이다. 자신의 충동성을 잘 제어하고 아이키도AiKi-Do, 합기도: 조르고 넘기는 기술을 사용하면서 갈등을 해결하는 방법을 배우는 일본 무술—옮긴이주와 같은 비폭력적인 무술을 연마하는 등의 비폭력적인 생활방식을 통해 스스로의 창조성을 계발할 수 있다.

이러한 기발하거나 예기치 못한 해결방법은 그것을 기독교적인 관점으로 해석하는 사람들에게만 국한되지 않는다. 치명적이지 않은 폭력이나 꾀 또는 뜻밖의 존중으로 상대의 적의를 해제시키는 행위는 모두에게 가능한 것이다.

나. 섭리에 의한 출구

앞으로 다룰 것들도 그렇지만 지금까지 살펴본 선택들은 신학적으로 중립적이다. 그러나 기독교적이라고만 국한하지 않는다해도 명백히 유신론적인 선택이 있는데, 그것은 전통적으로 '섭리적' 구출이라 부른다. 현대의 정신적 풍토가 기적이라는 범주를 어떻게 생각하든지 간에 기적은 미래에 대한 기독교인의 사고방식에서 역사적으로 부인할 수 없는 자리를 차지해 왔다.

바울이 고린도 교인를 격려하면서고전10:13 어떤 시험을 당할 때라도 하나님께서 '피할 길'을 주신다고 한 말의 정확한 의미를 단언할 수는 없다. 그러나 명백한 것은 최근까지의 모든 성경적 신앙과 기독교적 합의가 "주님을 사랑하는 자들에게 주시는 선"롬8:28을 향해 나가도록 모든 인간사를 이끄는 섭리가 있음을 주장하고 있는 것이다.

섭리적 구원은 그 성격상 예측이 불가능하기 때문에 사실상 과학적이거나 역사적인 관점에서 본다면 이 범주가 "자연적인 출구"(3-가)와 구별된다고 할 수 없다. 이러한 종류의 구원은 그 결과가 예측불가능함에도 일어난 사실을 토대로 하여 우연과 상상을 결합하여 해석할 수 있다. 물론 섭리와 기적에 대한 기독교적 개념이 과연 사건 이후의 객관적인 사실들을 토대로 한 해석과 비교하여 설득력이 있는가하는 철학적인 문제를 여기서 다룰 수는 없다. 그럼에도, 사람의 미래가 하나님의 손 안에 있다는 것이 고전적인 기독교적 사고방식이고, 우리는 이것이 위협에 마주하였을 때 오직 두 가지 극단적이 선택밖에 없다는 전제에서 벗어날 논리적 근거를 제공할 수 있다는 점에 주목할 필요가 있다.

4. 시도된 살인

이것은 선택1(비극)에 동반되는 또 다른 가능성으로 일반적인 논증에서 매우 심각하게 다루어진다. 이렇게 시도되는 살인은 두 가지 중 하나의 결과를 가져온다. 즉, 성공하거나 성공하지 못한 경우이다.

가. 성공하는 경우

방어자로서 나는 공격자를 살인하는데 성공할 수 있다. 나는 이것을 재량에 따라 실행할 수도 있지만, 무고한 사람을 위한 방어라는 더 높은 도적적 권위의 이름을 빌려 확신을 가지고 살인할 수 있게 된다. 이렇게 되면 법적으로 방어자는 자신의 행동이 불문율에 의해서 모든 시민에게 보장된 비상시의 행동 권한을 행사하는 것으로 보일 수 있다고 믿고 안심하게 되는 것이다. "당신이라면 어떻게 하겠는가"라고 묻는 사람은 이것이 손쉬운 방법이라고 생각할 것이다.

나. 성공하지 못한 경우

그러나 논리적으로 또 다른 가능성이 있다. 방어적인 살인에 실패할 수 있다는 것이다. 이런 경우 나는 이미 존재하는 하나의 악에 또 다른 악을 하나 추가하는 꼴이 된다. 그리고 우리는 그 둘 때문에 고통을 당한다. 그래서 이러한 선택은 가장 큰 악이 된다. 말하자면 내가 무고한 사람을 방어하려다 실패하면 문제만 더 악화시킨다는 사실이다.

만일 공격자가 더 월등한 힘을 가지고 있다면(아마도, 그는 공격을 위해 준비되었을 것이므로), 만일 그가 두려움과 고통에 의해 제어되지 않는 도착적인 충동을 가지고 있다면(또한 그가 상상을 초월할 정도로 이성적이지 않다면), 또는 만일 그가 나보다 총을 더 잘 쏜다면, 그때 그가 쓰는 무기로 그를 저지하는 데 실패한다면 문제는 더 악화된다. 희생자가 살해될 뿐 아니라, 방어자인 나도 살해될 것이다. 분노에 찬 공격자는 그가 저지되지 않는 상황보다 더 많은 사람을 향해 더욱 난폭해질 것이다.

따라서 "만일 당신이라면?"이란 질문은 일반적으로 생각하는 두 가지보다 더 많은 선택들을 내포한다. 앞에서 우리는 일곱 가지를 살펴보았다.

1. 비극적 결말	2. 순교	3. 또다른 탈출구	4. 시도된 살인
	가. 희생자의 순교 나. 방어자의 순교	가. 자연적 나. 섭리적	가. 성공적 나. 실패

이것들은 무엇이 더 바람직한가라는 척도로 순위 매겨질 수 있다. 선택 4-가(성공한 살인)는 명백한 하나의 악이다. 그것은 생명을 끝내버리고 공격자에게서 회개와 성장의 기회를 박탈해 버린다. 선택 1(비극)은 질문자의 마음속에서는 더욱 명백한 악이다. 그 사람은 선택 1을 막으려고 선택 4-가를 사용할 것이다. 그러나 선택 4-나(실패한 살인)는 더욱더 나쁜데, 그것은 두 가지의 악한 결과를 동시에 가져오기 때문이다.

나머지 다른 네 가지 선택들(2-가, 2-나, 3-가, 3-나)은 "구원적" 또는 "행복한" 결말을 대표한다. 바람직함이나 실현 가능성의 관점에서 어떤 것이 더 나은지 정확하게 저울질해 볼 필요는 없지만, 이것들을 다른 세 가지와 비교하면 도덕적인 면에서 모두 다 긍정적이라는 사실은 기억할 필요가 있다.

이 선택들을 평가하다 보면 선택 4를 실행하는 순간 해결책(2 또는 3)의 가능성이 사라진다는 것이 금방 분명해진다. 내가 살인을 저지르기로 선택하면 둘 중 어느 것도 일어나지 않는다. 더군다나 이것은 내가 모든 일을 이루시는(2-가, 2-나, 3-나) 하나님을 신뢰하지 않는다는 의미는 아닐까? 이것은 나 자신이 다른 출구를 찾을 정도로 용감하고 창조적이라고 믿지 않는다는 것을 의미하는 것이 아닌가?(3-가)

반면, 살인(4-가)을 단념하는 것은 신뢰와 믿음의 길이다. 그것은 섭리(3-나)나 순교(2)에 대한 가능성을 남겨두는 것이다. 살인을 단념하는 것은 나태한 방법이 아니라 다른 돌파구를 모색해야하는 도전에 직면하는 것이다(3-가). 그것은 최악의 결과(4-나)를 방지하는 책임 있는 행동이다.

이러한 극적인 대면을 감정적으로 덧입히는 일반적인 묘사에서 벗어나서 이 상황에서 주어지는 선택들에 대해 냉철하게 생각해보도록 하자. 이제 우리는 질문자들처럼 오직 두 가지 선택(1과 **4-가**) 밖에 없다고 가정하는 것이 논리적으로 얼마나 **터무니없는** 것인지를 알게 되었다. 그리고 더 많은 선택이 있다. 우리는 사건에 앞서 각각의 결과들이 얼마나 확실한지 판단할 방법은 없다. 그러나 정도의 차이가 있을 뿐 그것들이 논리적으로 모두 가능하다는 사실은 그 누구도 부인할 수 없다.

만일 내가 **4-가**를 탈출구로 선택한다면, 사건이 다르게 진행될 수 있다고 가정하거나 하나님의 섭리를 믿는 대신, 감정적으로 치우친 상태에서 스스로 가장 파괴적인 선택을 하게 되는 것이다. 그렇게 함으로써 나는 적어도 두 세 가지는 구원을 줄 수도 있었을 다른 모든 대안에 문을 닫게 된다. 그래도 내가 사랑하는 사람들에게 더욱 해로울 수 있는 다른 해결책(선택 1)보다는 낫다는 근거로 그런 선택을 하는 것이다. 마치 악을 판단하고 제거하는 것이 나의 임무인 것처럼 화해와 치유의 가능성을 닫아버리도록 자신에게 권위를 부여하는 것이다. 그러한 사건들이 자신에게 고통을 주고 손해를 입히지 않도록 보증하는 일을 스스로 떠맡는다면 세상에 일어날 수 있는 화해의 가능성을 차단하는 것이다.

또 다른 해결책에 대한 다른 시각

그러나 본성에 의거하건 섭리에 의거하건 '다른 해결책'이 진정 우리가 사는 세상에서 하나의 선택방안이 될 수 있을까? 과연 그것은 과학적 설명과 관찰 가능한 현상에 가치를 부여하는 사회에서 진정한 대안으로서 타당성을 가질 수 있을까? 현대인은 이러한 질문을 던지며 이 다른 출구의 가능성을 과소평가하기 때문에 우리는 "만일 당신이라면 어떻게 하겠는가?"라는 질문에 대답하는 또 다른 해결책을 더 자세히 살펴볼 필요가 있다. 달리 말해 정말 그런 방법이 효과가 있을까?

실제의 결과는 놀랍다. 가령, 구약성서에는 야훼/아도나이[4] 하나님이 자신을 신뢰하는 자를 구원하셨던 강력한 구원 사건에 대한 이야기가 반복되고 있다. 이것은 이스라엘이 자신의 지혜나 힘으로 야훼/아도나이의 약속을 성취할 능력이 없는 상태에서 일어났다.

기독교 역사는 이런 식의 기대하지 않았던 구원에 대한 기록으로 가득차 있다. 영국의 퀘이커 교도인 루스 프라이A. Ruth Fry는 수세기 동안 실제 일어났던 '또다른 해결책' 을 보여주는 수많은 일화를 많은 신앙인으로부터 수집했다. 그녀의 책 『폭력 없는 성공』Victory Without Violence, [5]에는 위협적인 상황에 직면해서 조금의 힘, 또는 아무런 힘도 쓰지 않고 악과 파괴를 극복한 여러 사람의 이야기가 들어 있다.
다른 예화들은 3부에서 이어진다.

폭력에 의존하는 것이 잘못이라는 가정과 함께 하나님의 뜻밖의 구원에 대한 기대가 기독교 선교사들의 전기에서 특히 반복적으로 등장한다는 것은 놀랍다. 심지어 시대적으로 평화주의나 무저항에 대한 체계화된 이론이나 전통적 가르침이 없는 상황이었는데도 말이다. 그러한 반응들은 세계와 자기 자신이 하나님의 손에 달려 있다는 종교적 인식에서 자연스럽게 일어난 것으로 보인다. 이는 비폭력이라는 엄격한 원리에 의한 강제적인 결과가 아니다.

공산 치하 동독의 목사였던 조하넬 하멜Johannel Hamel의 증언은 섭리적 탈출구에 대한 적극적 신뢰의 한 예이다. 그는 폭력이 아니라 진리와 거짓 사이에서 씨름했다. 그럼에도, 그의 접근을 논리적으로 살인의 문제에 적용시킬 수 있는 이유는 무조건적인 참된 순종과 이기적인 거짓 순종, 그리고 닫힌 세계와 열린 하나님의 역사 사이의 문제를 다룬 그의 방식에 있다.

"기독교인이 공산 치하의 땅에서 정직과 신앙의 문제를 논할 수 있을까?" 하멜은 물었다. 그런 상황에서는 고개를 숙이고 체제와 그 체제의 부정의를 받아들이는 것처럼 행동해야 하지 않을까? 그 답을 하멜은 신자가 순종적으로 한 걸음씩 발걸음을 내디딜 때 '해결의 실마리' 나 '문을 열어' 주신다는 하나님의 약속에서 찾았다.

몇 번이고 하나님은 빠져나갈 길, 다시 말해서 하나님을 불신하고 미워하는 폐쇄된 체제 한 가운데서 살 길을 마련해 주신다. 비록 체제가 이론적으로는 그러한 행동의 여지를 전혀 주지 않는다고 해도 여기에 바로 현실적으로 기꺼이 선하고 합리적인 행동을 해야 할 이유가 있다.6)

이러한 능동적인 복음을 받아들이게 되면 보통 그들의 일상적 삶속에서 뜻하지 않게 문이 열린다. 그리고 대부분의 경우 이 문은 마지막 순간에 가서야 눈에 보인다. 우리를 이 길로 인도하신 하나님이 우리의 머리가 벽에 부딪히지 않도록 하실 것이라는 소망으로 **최후의 그 곳까지 문 없는 벽을 밀고 나갈만한 믿음을 가져야만 한다**…. 우리는 종종 우리 자신이 끝났다고 믿는다…. 그리고 마지막 몇 분을 남겨두고 하나님은 개입하시는데, 그 사실이 너무도 분명해서 우리 자신이 부끄러워질 정도이다. 하나님은 우리가 예견할 수 있었던 것과는 사뭇 다른 방식으로 사건이 전개되도록 그분의 손가락을 슬쩍 움직이기만 하신 것이다.7)

이러한 섭리적 탈출구는 사변적, 논리적, 윤리적 이론이 아니다. 이는 생생한 체험으로 이루어진 증언이다.

신적 섭리에 대한 기독교의 이해는 단순히 '피할 길'을 때때로 마련해 준다는 것만을 의미하지 않는다. 더불어 그것은 기독교인들이 하나님의 돌보심을 믿고 증언하도록 부름을 받았다는 의미이다. 이러한 소명은 기도가 무엇인지 이해하기 위해서도 필요하다.

선택 **4-가**(성공적 살인)를 택하는 것은 믿음을 부정하는 것이다. 그것은 예견되지 않는 창조적 대안들과 하나님의 개입이 일어날 수 없다는 가정에서 나온다. 예견 가능한 한, 두 가지로 제한된 최악의 결과들 중에서, 그래야 한다는 생각에 나와 나에게 속한 이들에게 가장 바람직하지 않은 방법이라고 느끼면서도 **4-가**를 선택한다고 가정해보자. 사실 그 선택은 하나님이 이 상황에서 어떤 구속적 의도를 갖고 계시지 않다는 고백일 뿐이다. 아니면 하나님의 구속적 의도를 인정한다 해도 그 의도를 성취할 수 있는 유일한 방법이 자신이며, 그러기 위해 스스로 덜

악하다고 여기는 선택을 해야만 가능하다고 여기는 것이다.

부활에 대한 기독교 신앙은 부활이 단순한 하나의 역사적 사건일 뿐 아니라 인간의 경험 가운데 하나님이 행하시는 본보기임을 보여준다. 부활 신앙은 우리가 보기에 타개될 가능성이 전혀 보이지 않는 바로 그 상황에서 하나님의 구원 계획이 드러난다는 것을 말해주고 있지 않는가? 일하실 분은 바로 하나님 자신이시기에 어떻게 일하실지에 대해 내가 말할 수는 없다. 그러나 스스로 파괴적인 방법으로 문제를 해결하려는 것이 하나님께 어떠한 도움도 되지 않는다는 것은 확실하다.

고전적 기독교 사상에서 **섭리**는 역사의 사건들이 하나님의 통제 아래 있다는 확신을 일컫는데, 이것은 우리의 인식과 통제를 넘어서 드러난다. 이 일들은 선지자들에 의해 때때로 감지되다가 후에 공동체 안에서 널리 기념된다.

지금까지 인용한 자료들은 기독교의 것들이다. 그러나 단지 기독교인들 또는 기독교와 더불어 유대교, 이슬람교와 같은 아브라함에게서 비롯된 신앙의 신자들만이 섭리에 대한 믿음의 증거들을 보여주는 것은 아니다. 역사의 변증법에 대한 마르크스주의자들의 신념, **민중의 소리** vox populi에 대한 민주주의자들의 신뢰, '혁명'에 대한 급진주의자들의 확신, 또는 동양의 비모순의 논리와 가시적 증거에 대한 불신, 이 모든 것들은 예견과 예상을 뛰어넘는 방법으로 곤경으로부터 빠져나갈 길로 인도할 수 있고 실제로도 그러하다.

신적 개입에 대한 이러한 사례들을 검증하려는 것은 아니지만, 그럼에도 우리는 그러한 경험을 한 사람들이 그들 스스로 예상치 못했던 탈출구가 있었다고 결론지은 사실에 주목할 필요가 있다. 공격자의 악한 계획을 빗나가게 만든 명백히 예외적인 구원 사건들이 —그것도 한 번이 아니라 여러 번, 그리고 신자들의 말대로면 수차례— 있어 왔던 것이다. 논리적으로 이러한 신적 개입의 가능성을 누구라도 배제해서는 안 될 것이다.

따라서 파괴적 공격의 위협 때문에 방어적 폭력 이외에는 어떤 해결책도 없는 것처럼 보일 때에도 덜 폭력적인 결과를 낳을 가능성은 늘 — 최소한 논리적으로든 잠재적으로든 간에— 존재한다. 실제로 검증되기 전까지는 질문자가 제기하는 "당신이라면 어떻게 하겠는가?"라는 상황이 이 가능성을 고려할 거라고 보기 어렵다. 이것은 우리가 얼마나 덜 폭력적인 해결책들을 발견해낼 수 있을지 정확히 예견할 수 있다는 뜻이 아니다. 성패는 그 가능성에 대한 자신의 믿음의 정도를 포함하며 많은 변수에 좌우된다. 그러나 "그에게 총을 쏜 것이 최선의 선택은 아니었다"고 결론짓기 전까지 갈등이 있다면 가능성은 언제나 존재한다. "만일 …할 때, 당신이라면?"의 가설적인 상황은 특정한 결과를 유도하도록 구성되었다. 조안 베에츠Joan Baez는 이것을 다음과 같이 설명한다. "만일 당신이 실제의 악과 가상의 악 중에서 선택할 수 있다면 늘 가상의 악을 선택하십시오." 데일 브라운Dale Brown은 같은 어조로 세부 사항들을 가정하여 덧붙이는 것이 마땅하다고 주장하며 논증한다.2부의 논증을 보라

나는 베에츠나 브라운처럼 가상적 반증 사례를 가지고서 질문자의 논리에 대항하는 방식에 그다지 끌리지 않는다. 물론 기존에 제기된 문제를 진지하게 받아들였다는 점에서 우리는 같은 결론에 도달할 수 있을 것이다. 그럼에도, 베에츠와 브라운의 지적은 타당하다. 즉, 특정 상황에 대한 가설적 정의는 더 부분적으로 상세한 설명을 요청함으로써 올바르게 검토될 수 있다. 이러한 과정은 상황들이 처음에 보이는 것보다 덜 절망적임을 깨닫게 하는 하나의 방법이다.

레오 톨스토이는 이 점을 달리 꼬집어 묻는다. "왜 비기독교인들이 아이를 지키기 위해서 범인을 죽일 결심을 해야 하는가? 범인을 죽이면 명백한 하나의 살인이 일어나는 것이지만, 범인이 그 어린아이를 죽였을지의 여부는 결코 알 수 없다."

더 구체적인 기독교적 차원들

지금까지 나는 "만일…라면 어떻게?"의 문제에 대해 논리적 근거를 바탕으로 답했다. 나는 가설적 상황에서 갈등에 직면해 얼마나 일관되게 행동할 수 있는지를 진지하게 고찰했다. 기독교 신앙의 어떠한 측면도 인간사에 신적 개입의 가능성을 인정하는 것(선택 **3-나**) 보다 더 결정론적인 주장(1 이나 **4-가**와 같은 빠져나오기 어려운 상황)의 모순을 더 잘 드러낼 수는 없다.

이렇게 살인하거나 살인당하는 것, 이 두 가지의 선택 가능성만을 생각하는 영적 빈곤을 드러내는 기독교 신앙의 관점들이 존재한다. 지금까지 그들에 대한 언급을 유보해 왔지만, 그것은 기독교적 개입이 모든 중요한 분석이 이루어진 후에 덧붙일 수 있는 부록이기 때문은 아니다. 나는 인생을 있는 그대로 다루면서 현실주의를 피하려고 기독교인이 초월적 차원을 불러들인다는 오해의 소지를 주고 싶지 않았다.

또한 나는 갈등을 다루는 예수의 방식이 전혀 비합리적이지 않다는 것을 보여주고자 했다. 그러나 내가 예수의 길을 받아들이는 것은 바로 그런 합리적 기초 때문도 아니고, 폭력적 상황에서 더 안전한 길을 보장받을 수 있으리란 믿음에서도 아니다. 나는 예수를 주로 고백하기 때문에 그 길을 받아들인다.

그러므로 "만일 당신이라면 어떻게 할 것인가?"라는 질문에 대한 기독교적 답변은 "3-가를 창조적으로 시도해 보고, 3-나를 위해서 기도를 하고, 만일 결정적인 순간이 오면 2를 준비하겠다"가 아니다. 그것은 형식주의자의 논리적 답변이다. 기독교 신앙은 이 기존에 제기되는 가설적 상황에 맞서는 또 다른 차원을 가지고 있다.

1. 원수를 향한 기독교인의 사랑은 숭고한 휴머니즘의 한계를 넘어선다.

보통의 훌륭한 사람이라면 자신이 대접받고자 하는 대로 이웃을 대접할 것이다. 이것은 단순히 상호 대등한 이기심에서 나오는 진리이다. 역시 이는 이 기준에 비추어 자신을 다스려 단순 보복의 수준을 넘어서려는 자존감의 일부에 불과하다.

그러나 예수는 이런 도덕적 우위를 넘어선다. 그의 생애와 사역 그리고 제자들을 향한 가르침에서 원수는 특별히 사랑의 대상이 된다. 그리스도 안에서 우리와 화해를 이루신 하나님은 자신의 고난을 대가로 원수를 사랑하는 하나님이시기 때문에 원수에게 좋은 영향을 미치거나 서로 동등한 사랑을 불러 일으키는 정도를 넘어서 원수를 사랑해야 한다. 다른 윤리체계에서 '이웃'은 사랑할 의무가 있는 대상으로 취급되기도 한다. 그러나 예수는 더 나아가 우리와 원수의 관계를 우리가 가진 사랑이 하나님에게서 흘러나온 것인지를 가늠하는 특별한 지표로 삼는다.

이것은 예수가 "네 이웃을 네 몸과 같이 사랑하라"레19:13. 예수는 마22:40과 막12:28에서 인용한다라는 계명을 단순히 재진술하였다는 일반적 가정과 상반된다. 대신에 예수의 '새로운 계명'은 그의 제자들이 그가 사랑한 대로 ―또는 하나님이 그들을 사랑하는 대로― 사랑해야 한다는 것이다. "네 이웃을 네 몸과 같이 사랑하라"는 명령은 예수의 가르침의 핵심이 아니라 그가 완성하고 넘어서는 율법의 핵심이다.

그래서 "당신이라면 어떻게 하겠는가?"라는 질문에 대한 기독교인의 답변은 그리스도 안에서 하나님이 나를 대하신 것처럼 또는 내가 대접받기를 바라는 대로 공격자를 대하도록 노력하겠다는 것이다. 이 단순한 행동에 대한 능력은 온 마음을 집중하고 가능성들을 심사숙고하여 선택하는 능력이 아니다. 사실 가능한 선택들을 심사숙고하는 것은 순종을 더 어렵게 만들기도 한다. 방금 기술한 논리적인 방식으로 이런 논제를 풀어가야 한다고 생각하는 사람보다 비록 상황을 생각해본 적이 없을지라도 소박하게 사랑을 실천하는 그리스도인은 자신을 향한 하나님의 사랑에 의해 움직이기 마련이다.

2. 그리스도를 따르려는 결심은 그리스도인의 사회적 관계에 대한 유

대감을 약화시킨다.

복음서에 기록된 다양한 진술에서 예수는 그의 제자들에게 집과 땅뿐 아니라 부모와 처자식까지도 버리라고 요구한다. 이것이 의미하는 바는 적어도 우리에게 도덕적 책임 또는 남자다움의 첫째가는 기준이 자신의 가족을 지키기 위해 살인까지도 기꺼이 할 수 있다는 가정에 대해 의문을 던지게 한다는 것이다.

이것은 마틴 루터의 찬송 "내 주는 강한 성이요"의 영어번역에서 이렇게 진술된다. "재산과 가족은 가도록 내버려 두어라. 이 죽을 생명도 또한 그렇게 하라." 한편, 독일어 번역은 더 극적이다. "그들이 아내와 자식을 잡아간다. 그래도 그대로 내버려 두어라!"

루터에게 이것은 단순히 문학적인 과장에 불과한 것이 아니었다. 마틴 루터는 개인적 차원에서의 무저항을 가르쳤다. 그는 합법적인 정부의 명령에 따른 정당한 명분으로만 폭력이 허용될 수 있다고 생각했다.

3. 죽은 자의 부활, 지옥과 천국, 그리고 영생에 대한 기독교의 이해를 바탕으로 기독교인은 "당신이라면 어떻게 하겠는가"의 상황에 대처할 수 있는 지침을 얻을 수 있다.

앞에서 이미 섭리에 대한 고전적인 기독교의 이해가 현대의 토론에서 받아들여지지 않을 것이라는 것을 인정했다. 초월적 삶에 대한 기독교의 고전적인 이해도 마찬가지다. 우리는 현대의 반대 의견을 가진 이들에게 이러한 개념들을 강요할 수 없지만, 적어도 역사적 기독교 안에 들어와 있는 사람들에게 우리의 신앙이 적대적인 공격자를 만났을 때

순종의 대가를 기꺼이 받아들일 수 있는 마음가짐을 허락한다고 설명할 수 있다.

지옥, 즉 살아있을 동안 자기중심적이고 피상적이었던 삶에 의해 결정지어지는 세계 그래서 그 무의미했던 삶이 연장되거나 재확인되는 세계가 존재한다는 믿음을 생각해 보아라. 이러한 신앙의 전제하에서 질문자에게 공격자를 죽이는 것은 그들을 그러한 어두운 운명 안에 가두는 것이 아니냐고 되물을 수 있다. 그것은 회개하고 믿음을 가질 수 있는 어떤 기회도 그에게서 빼앗는 것이 될 것이다. 반대로 그를 죽이지 않는다면 "그의 창조자를 곧 만나게 될"―종교적 표현을 쓰는 것에 대해서는 양해를 구하지만, 이것은 중요한 기독교의 견해이다― 사람을 죽음으로부터 구원하게 되는 것이다. 어쨌든 공격자를 죽이는 것은 궁극적으로 천국에 갈 수 있는 사람을 막아서 이 세상에서 내가 구원해야 하는 어떤 이를 곧바로 지옥으로 인도하는 것이 될 것이다.

4. 헌신한 그리스도인들은 믿음의 삶을 단지 일관된 윤리적 입장이나 어기지 않으려고 애쓰는 일련의 규칙으로가 아니라 나누고 싶은 은혜로운 특권으로 본다.

그리스도인들은 "어떻게 나쁜 짓을 피할 수 있는가?" 뿐 아니라 "어떻게 내 이웃의 삶에 화해/조정자가 될 수 있을까?"라는 질문을 삶의 지표로 삼는다. 이러한 관점에서, 강경한 비폭력적 저항은 그 정당성을 인정하지만, 살인은 결코 인정할 수 없다. 언제나 헌신적인 그리스도인들은 적어도 이론상으로나마 하나님이 이기적인 피조물들의 삶을 변화시키기 위해서 개입하였고 또한 그의 자녀를 통해서 그렇게 하셨다는 것을 증거하고 있다. 공격자가 심경의 변화가 전혀 없을 것 같은 상황에서 공격자를 상대하는 상황만큼 하나님의 말씀을 입증하기 좋은 상황이 또 있겠는가.

5. 기독교인이 순교의 십자가를 지는 것은 하나님이 세상을 대하신 방식에 동참하는 것이다.

신약성서와 그 이후의 기독교 증언은 적어도 순교가 기독교인들이 때로는 따를 필요가 있는, 어떤 의미에서 정상적인 길이라는 것을 말해 주고 있다. 만일 실용적인 사고방식만으로 **"당신이라면 어떻게 하겠는 가?"**라는 상황에서 순교라는 선택은 절대 배제해야 한다면, 어떻게 그리스도인의 삶이 죄가 없음에도 고통받는 길을 따르는 것이라고 할 수 있겠는가?

6. 기독교 신앙은 자기중심적 결단을 불순종의 도구로 삼아 창조자로부터의 자율성을 확보하려는 경향에 대해 경고한다.

우리는 이미 자기중심적인 결단의 과정이 가진 도덕적 한계를 살펴 보았다. 그러나 기독교 신앙은 훨씬 멀리 나간다. 일반적으로 우리는 사람들이 이기적 성향을 가지고 있고 그 이기심이 자신들의 인지 작용에 영향을 주는 것을 당연하게 여긴다. 반면에, 기독교인들은 이같은 반역적 자율성을 '교만' 이라고 부르는데 이것은 결국 하나님의 은혜에 의해서 극복되지 않는다면 궁극적으로는 자기 파괴를 의미할 뿐이다.

일반적으로 볼 때 모든 사람은 사실을 관찰하고 평가함에 있어 특정한 관점과 시각의 제약을 받는다. 기독교의 신앙이 우리에게 알려주는 것은 이기적인 마음, 참을성 없고 보복하려는 마음, 아드레날린, 이 모두가 우리가 사실을 인지하는 방식을 적극적으로 왜곡시켜서, 이웃을 댓가로 나의 자존감과 창조자로부터 독립적이고자 하는 우리의 욕구를 행동에 반영하게 된다는 것이다. 이같이 상식은 스스로 타당하게 결정할 수 있는 능력의 적정선을 논하지만 기독교의 죄에 대한 이해는 그것을 훨씬 넘어서 철저히 자기 스스로 결정할 수 있다는 생각 자체를 바꾸도록 촉구한다.

우리와 같은 보통의 '선한' 사람들에게 뿌리칠 수 없는 유혹은 거칠고 지독히 어리석은, 육적인 것이 아니다. 진정 교묘한 유혹은 예수 자신이 받은 시험처럼 자기중심적인 이타주의의 유혹이다. 그것을 위해 받아야하는 타인의 고통을 정당화한 채 스스로 선하고 올바른 대의大義의 화신이 되고자 하는 것이다. 이것은 타인을 향한 의무로 가장한 자기정당화이다.

결국, 나는 어떤 정신병자나 범죄자가 나의 아내나 아이들, 여동생이나 어머니를 공격하려 한다면 내가 무엇을 하게 될지 알지 못한다. 그러나 나의 아버지 하나님이 그의 '독생자 아들' 이 위협을 당했을 때 하셨던 것으로 인해, 또는 믿음으로 나의 아버지 된 아브라함이 부활을 믿었기에 순종으로 자신의 아들을 포기하는 희생을 했던 것으로 인해 내가 해야 할 바를 알고 있다. 그리스도 그 자신이 바로 '그 앞에 놓인 기쁨 때문' 에 '십자가를 참고 견딜' 수 있었다.

그러한 사랑을 바로 나 자신의 의무와 특권으로서 받아들일 준비가 되어 있는지 깊이 생각해 본다. 이러한 마음은 내 자신의 도덕적 역량에 대한 사색이 아니라 예수 안에서 자신을 계시하신 하나님의 본성에 대한 고백으로부터 나온다. 그리고 이것은 어떤 영웅주의에의 갈망이나 자기 확신, 경건한 열심이나 마조히즘에 기반하지 않는다. 희생적인 사랑으로 위협에 대응하려는 소명은 바로 우리 손에 자신의 생명을 주신 그분이 또한 세상에서 하나님의 도구가 되어 진정한 인간됨을 계시하셨다는 고백에서부터 나온다.

---

1) 옮긴이주–미국의 신학자로 기독교 현실주의를 대변한다. 대표적 저술로는 『도덕적인 간과 비도덕적 사회』, 『인간의 본성과 운명』, 『빛의 자식들과 어둠의 자식들』이 있다.

2) 옮긴이주–프랑스의 평론가. 정신 분석학자, 알제리 독립운동과 콩고의 P. 루뭄바를 지지했다.

3) Eenest J. Simmons. *Leo Tolstoy*(Boston: Little Brown, 1946), 623.

4) 옮긴이주–야훼는 모세에게 알려진 하나님의 이름이고 그 성스러움 때문에 이 이름을 부르기를 꺼려했던 이스라엘은 '나의 주' 라는 뜻의 아도나이로 부르기 시작했고, 이 것이 헬라어 성서에서 역시 주인이라는 뜻의 '퀴리오스' 로 번역되었다.

5) A. Ruth Fry, *Victories Without Violence*, reprinted in Liberty Literary Works, no. 1(Santana Fe : Ocean Tree Books, 1986).

6) Johannel Hamel, *How to Serve God in a Marxist Land*(New York : Association Press, 1959), 98f.

7) Johannel Hamel, *A Christian in East Germany*(New York : Association Press, 1960), 26f., 이태릭은 추가됨.

2부 다른 방식으로 대응하기

1부에서 "…라면 어떻게 할 것인가?"라는 질문에 대해 내가 답변한 방식은 여러 가지 가능성 중의 하나일 뿐이다. 2부에서는 질문과 그 질문의 맥락이 되는 상황을 진지하게 고려하려 했다.

그러나 "…라면 어떻게 할 것인가?"라는 가설적 상황에 접근하는 다른 방식들도 있다. 다음에 나오는 글들은 위의 질문에 대한 다른 일곱 사람의 답변이다. 이것은 오래된 톨스토이Tolstoy와 퍼니스Furness의 글을 시작으로 베츠Baez와 아우커만Auckerman이 제시한 현대적인 논증에까지 이른다. 이들은 평화주의자들에게 자주 제기되어온 고전적인 질문에 대해 진지하게 또는 해학적으로 고심하며 답변한다.

기독교인들이 할 수 없는 어떤 일들

레오 톨스토이|Leo Tolstoy

물리적으로 불가능한 것들이 있는 것처럼 도덕적으로도 불가능한 행동들이 있다. 사람이 산을 들어 올릴 수 없고 선량한 사람이 아기를 죽일 수 없는 것처럼 기독교인으로서 삶을 사는 사람은 폭력적 행동에 동참할 수 없다. 그렇다면, 도덕적으로 불가능한 행동을 함으로 인해서 얻을 수 있는 유익에 대해 상상해 보는 것이 무슨 의미가 있을까?

사랑과 그에 따르는 무저항이라는 법을 따르면서, 명백한 악을 볼 때 어떻게 행동해야 하는가? 기존의 예를 사용하자면 아이를 죽이거나 폭행하는 범죄자를 보게 될 때, 게다가 살인범을 죽이는 것만이 아이를 구하는 유일한 방법일 때, 인간은 어떻게 행동해야 하는가?

만일 그러한 경우가 발생한다면, 아이를 살리기 위해 일반적으로 가능한 대답은 공격자를 죽여야만 한다는 것이다. 그러나 이 대답은 너무 조급하고 극단적인데, 단지 그것은 우리 모두가 폭력을 사용하는 것에 너무나 익숙해져 있기 때문이다. 우리는 아이를 구하려는 것뿐 아니라 이웃 나라의 국경이 우리나라의 영토를 넘어 확장되는 일을 막기 위해서, 또는 누군가의 밀입국을 막거나 심지어 길가의 행인들로부터 우리 정원의 과일을 보호하기 위해서 폭력을 행사할 수 있다고 생각한다. 아이를 구하려면 공격자를 반드시 죽여야 한다는 것이다.

그러나 그러한 행동이 합리적인 근거가 없다는 결론에 이르는 데에는 다음의 질문을 생각해 보는 것만으로도 충분하다. "기독교인이건 아니건 간에, 무슨 근거로 한 인간이 그렇게 행동할 수 있는가?" 이 천 년 전까지만 해도 사람들은 그러한 행동을 올바른 것으로 간주하였고 습관처럼 그런 행동을 자행했기 때문에 그것을 마치 당연한 양 생각했다.

하나님을 인정하지도 않고 하나님의 뜻을 실현하는 것을 인생의 목적으로 삼지 않는 비기독교인이 아이를 보호하기 위해서 범인을 죽일 마음을 가지게 되는 이유는 무엇인가? 그가 범인을 죽이면 살인은 확실히 일어난 셈이지만 다른 모든 가능성은 사라지게 된다. 반면에 그 범인이 아이를 죽일 것이었는지 여부를 확실히 알 수 없다. 그러나 이런 가능성을 무시한 채 누가 아이의 생명이 다른 사람의 생명보다 더 값지다고 말할 수 있을까? 확실히 비기독교인이 하나님을 알지 못하고 인생의 의미가 하나님의 뜻을 행하는 데 있다는 것을 알지 못한다면, 그의 행동에 대한 유일한 규범은 무엇이 자신에게, 그리고 모든 사람에게 더 유익이 되느냐이다. 곧 범인의 생명을 지속시키는 것과 아이의 생명을 지속시키는 것을 두고 곰곰이 계산해 보는 것이다. 그는 결단하기에 앞서 그가 구할 어린아이에게 무슨 일이 일어날지 그리고 그가 범인을 죽이지 않는다면 그 공격자의 미래가 어떻게 될지 알 필요가 있다. 그러나 그가 이런 사항을 미리 알 수 없다는 것은 명백하기에 비그리스도인은 아이를 구할 목적으로 강도를 죽일만한 합리적 근거가 없다.

하나님을 인정하고 생의 의미가 하나님의 뜻을 성취하는 데 있는 기독교인에게는 공격자가 아무리 난폭하다 하더라도, 아이가 아무리 순진 무구하고 사랑스럽다 하더라도, 하나님이 주신 계명을 무시하고 범죄자가 아이에게 하려고 했던 일을 그 범죄자에게 행할 근거는 빈약하다. 그는 공격자에게 간청하거나 공격자와 피해자 사이에 자신의 몸을 던질 수 있다. 그러나 한 가지 할 수 없는 것이 있다. 그는 하나님에게서 받은 율법을 고의적으로 내팽개칠 수 없는데 기독교인에게 율법의 성취는 인생에 의미를 주는 유일한 길이기 때문이다.

대부분의 경우, 기독교인이건 비기독교인이건 간에 잘못된 교육이나 그의 동물적인 성정이 한 사람으로 하여금 비단 어린이뿐만 아니라 심지어 자신을 구하거나 자신의 지갑을 되찾기 위해 공격자를 살해하게 할 수 있다. 그러나 교육이나 성정을 탓하며 그런 행동을 정당화하거나, 자신이나 타인들의 그런 행동을 당연한 결과로 여기도록 해서는 안 된다. 교육과 기독교의 옷을 입는다 하더라도, 석기시대의 습관들이 인간 안에 강하게 자리 잡고 있어서 결국, 그의 이성적인 양심에 비추어 볼 때, 여전히 죄로 여겨지는 행동들을 하는 것이다.

이를테면 이런 식이다. 나는 아이를 죽이려 하는 범죄자를 보았고 그 공격자를 죽임으로써 아이를 구할 수 있다, 그러므로 어떤 경우에는 악에 저항하기 위해서 폭력을 사용해야 한다. 한 사람의 생명이 위험에 처해 있고 오직 내가 거짓말을 해야만 살릴 수 있다, 그러므로 어떤 경우에 우리는 거짓을 말해야 한다. 어떤 사람이 굶주리고 있어서 나의 도둑질만이 그를 구할 수 있다, 그러므로, 어떤 경우에는 도둑질을 해야만 한다.

최근에 나는 코페Coppee의 이야기를 읽었는데 그것은 순직이 보장된 장교를 죽여 장교의 명예와 그의 가족들을 살렸다는 내용으로, 교훈은 어떤 경우에는 상해가 필요하다는 것이었다. 이같은 사고방식과 추론은 도둑질, 거짓말, 살인 등을 해서는 안 된다는 것을 알지만, 여전히 그런 행동들을 그만둘 수 없어서 최선을 다해 합리화하려는 사람들이 있다는 것을 보여줄 따름이다. 어떤 것이 더 도덕적이고 도덕 법칙에 따른 것인지 결정하기 어려운 상황에서 도덕 법칙이란 존재하지 않는 것인가? 그러나 그 모든 생각이 "거짓말, 도둑질 또는 살인하지 말라"라는 법들이 타당하지 않다는 것을 증명하지 못한다.

따라서 그것은 무저항의 법칙과 관련된다. 사람들은 폭력을 사용하는 것이 잘못된 것이라고 알고 있지만, 불안 때문에 '법이라는 강력한 무기'에 의해 보호된 삶을 지속하면서 결국, 그들의 지적 능력으로 동료에게 폭력을 사용할 권리가 있다고 주장하고 넘쳐나는 악을 해명하는 대신에, 그 오류를 방어하는데 사용하는 것을 더 좋아하게 되었다. 불어의 "무슨 일이 생기든, 당신이 해야만 하는 것을 하라Fais ce que dois, advienne que pourra"는 심오한 지혜가 담긴 표현이다. 우리가 무엇을 해야 하는지 명백하게 알 수 있지만, 우리의 행동이 어떤 결과를 초래하게 될지는 그 누구도 알 수 없다. 따라서 의무감을 느끼는 것 말고는 다른 어떤 지침도 발견할 수 없을 뿐 아니라 우리의 행동으로부터 초래되는 결과를 전혀 알 수 없다는 결론에 이르게 된다.

기독교의 가르침은 한 인간이 그에게 생명을 주신 분의 뜻을 행하려면 무엇을 해야 하는지 알려줄 뿐, 이러저러한 인간의 행동으로부터 우리가 어떤 결과를 기대할 수 있는지에 대한 논의는 기독교와 본질적으로 관련이 없고 오히려 기독교가 지양하는 잘못된 예에 불과하다. 우리 중 누구도 상상 속의 아이를 해하려 하는 상상 속의 범인을 만난 적이 없다. 그러나 역사의 연대기와 우리 시대를 채우는 온갖 끔찍한 사건들은 다음과 같은 한 가지 사실로부터 일어났고 그리고 지금도 일어나고 있다. 즉, 사람들은 인간의 행동이 가져오는 불확실한 미래의 결과들을 생각 속에서 미리 볼 수 있다고 믿고 있다는 사실이다.

실상은 다음과 같다. 사람들은 옛날에 동물적 삶을 살았고 폭력을 행사하거나 살인하고 싶은 대상에게 가차없이 행동했다. 심지어 그들은 서로를 잡아먹고 여론은 그것을 승인했다. 모세의 시대까지 거슬러 올라가서 수 천년 전의 사람들은 서로 폭력을 행사하고 살인을 저지르는 것이 잘못되었다는 것을 깨닫기 시작했다. 그러나 힘의 지배로 유익을 취하는 사람들은 이 변화에 찬성하지 않았고 폭력을 행하고 사람을 죽이는 것이 나쁜 것이 아니라 때로 필요하며 심지어 도덕적으로 정당화되는 상황이 있다는 것을 그들 자신과 다른 사람들에게 확신시켰다. 그리하여 전보다 더 흔하거나 잔인하지는 않아도 폭력과 학살이 계속되었다. 유일한 차이라면 이것이 인류의 안녕을 위한 행동이었다는 변명을 함께 했다는 것이다.

그리스도가 고발하고 비난한 것이 바로 이러한 폭력에 대한 궤변적인 변명이다. 적이 싸울 때 각자 자신의 행동이 상황에 의해서 정당화될 수 있다고 생각하게 된다. 그러나 어떠한 폭력의 행사에도 핑계는 있는 법이고 이러한 변명들의 진위를 가늠할 수 있는 어떤 무오류의 기준도 발견된 적이 없다. 따라서 그리스도는 우리에게 폭력의 사용에 대한 어떤 변명도 믿지 말고 오래전에 가르쳐진 것과는 반대로 절대 폭력을 사용하지 말라고 가르친다.

사람들은 기독교를 선포했던 이들이 폭력의 문제에 대해 끊임없이 그 기만성을 고발해 왔다고 생각할 것이다. 이러한 고발은 기독교가 표명하는 중요한 입장 중 하나이기 때문이다. 그러나 실상은 정반대였다. 폭력의 혜택을 입고 그 기득권을 포기하지 않는 사람들이 기독교의 말씀 선포를 독점하고는, 무저항이 폭력을 사용하는 것보다 더 큰 해를 일으킨다는 사례에서 발견할 수 있다. 상상 속의 아이를 살해하는 상상 속의 범인 이에 따르면 그리스도의 무저항론은 늘 따를 필요가 없으며 자신이나 타인의 생명 또는 조국을 미치광이와 범죄자로부터 지켜내기 위해서 그리고 다른 많은 경우에서도 그의 가르침을 어길 수 있다고 선포하였던 것이다.

레오 톨스토이(1828-1910) 러시아의 대표적인 작가로 자신의 지적 종교적 순례 끝에 강한 무저항주의적 신념을 갖게 된다. 그는 이 확신을 논평, 체계적 논설, 그리고 세설世說에서 자세히 펼친다. 이 발췌문은 미국의 국제 변호사인 어네스트 하우워드 크로스비Ernest Howard Crosby에게 보낸 편지 일부이다. 이 글은 *Tolstoy on Civil Disobedience and Nonviolence*(New York: Bergman/Signet/New American Library, 1967) 에서 발췌하였다.

너무 늦었는가?

S.H 부스-클리본 S.H. Booth-Clibborn

아니다! 우리 기독교인들이 전쟁문제에 대해 생각해 보는 것은 아직 늦지 않았다. 이 글은 1차 세계대전 중에 쓰였다

그렇다! 평화주의자들에게는 너무 늦었다. 단순히 정치적이기만 했던 그들의 방법은 모든 인간적 수단의 운명이 그러하듯이, 실패하였다.

그렇다! 사회주의자들 또한 진정한 기독교적 원리를 비웃고 거부한 반면, 어리석고 불경건한 물질주의를 지지함으로써 결국 실패했다. 우리가 평화에 대한 그들의 열정과 헌신을 높게 사는 것은 사실이다. 비극적인 지난 2년 동안 그들의 불타는 열정(적어도 미국에서)은 평화의 왕을 따르는 생기 없는 우리를 부끄럽게 만들었다! 그러나 이제 그들이 가진 '평화'는 영원토록 그들을 유지하기 위해 애써야 하는 평화이다. 왜냐하면, "그리스도의 견고한 반석" 위에 세워지지 않은 모든 것은 "가라앉는 모래 위"의 운명이기 때문이다.

그러면 우리는 어떤가? 그렇다. 사랑Love 기쁨Joy, 그리고 평화Peace

의 복음을 너무나 오랫동안 너무 크게 선포해온 우리 그리스도인들 말이다. 이제 우리가 선포한 것을 실천할 때가 되고 우리의 믿음이 거친 시험대에 오르게 되었으니 예수와 함께 기꺼이 갈 준비가 되었는가? 우리는 "그 능욕을 지고 영문 밖으로 그에게 나아갈"히13:13 준비가 되었는가?

그리스도인은 싸워야 하는가?

우리의 거룩한 믿음의 원칙들을 신중하게 그리고 기도하는 마음으로 검토해 보자. 과거에도 수없이 유창하게 얘기되어 왔지만, 이제는 더없이 중요한 의미를 가지는 이 원칙들은 너무 방대한 반면 쓸 지면은 적어서 기독교 무저항주의에 대항해서 발표된 대표적인 몇몇 반대들에 답변하는 것에 그칠 것이다. 그러나 분명히 할 것은 이 문제를 기독교적 관점에서 기독교인들을 대상으로 다룰 거라는 점이다. 그것은 논증이 오로지 하나님의 거룩한 말씀의 권위에만 근거하고 있기 때문이다!

질문: 만일 기독교인들에게 전쟁이 잘못된 것이라면 왜 구약성서에서 하나님 자신은 이스라엘을 적에 대항해 전투와 승리로 이끄셨습니까?

답변: 유대인들은 율법과 심판의 시대에 살았습니다. 반면 우리는 은혜와 자비의 경륜 가운데 살고 있습니다! 바로 여기에 하나님 백성이 놀랄만큼 지독한 무지함이 싸여 있었음을 알 수 있습니다. 바로 이때문에, 구약과 신약의 율법과 은혜, 심판과 자비, 전쟁과 평화의 가르침이 뒤죽박죽 섞여서 "진리의 말씀을 바로 구분하지" 못하게 되는 것입니다. 우리는 요한복음 1장 7절에서 "율법은 모세에게 주어진 것이고 은혜와 진

리는 그리스도에게서 왔다"는 것을 발견합니다. 하나님은 이스라엘에 직접적인 심판으로써 도덕적으로 썩은 가나안 인들을 일소할 것을 명령합니다. 그러나 신약성서 어디에서 그리스도가 제자들에게 그러한 명령을 내리셨습니까? 반대로 그는 사람들을 가축 떼처럼 도살하는 것이 아니라 구원하라고 제자들을 파송하셨습니다. 또 여호와는 공개적으로 여리고에서부터 기드온까지 그리고 수많은 곳에서 놀라운 기적을 일으키시며 이스라엘 편에 서십니다. 지금 엉망진창으로 상황을 만들어 놓은 어느 나라가 올바른 쪽에 있고 하나님 편에 있다고 증거를 내세울 수 있겠습니까?

그럴 수 없습니다! 기독교인과 관련되는 한, '눈에는 눈'의 체제는 "오른편 뺨을 치면 왼편도 돌리는"마5:39-44 체제에 자리를 내어 주었습니다. 이스라엘과 그리스도의 교회 사이에 존재하는 광범위한 차이를 깨닫기 위해 다음의 본문들을 비교해 보시길 권면합니다.

	이스라엘	교회
부르심의 차이	창세기 12장 1절	빌립보서 3장 20절
행동의 차이	신명기 7장 1절, 2절	마태복음 5장 38절-44절
예배의 차이	레위기 17장8절, 9절	마태복음 18장 20절

질문: 이론상으로는 모두 좋지만 인간의 잔악함이 당신의 아내와 아이들을 해하려 한다고 생각해 보십시오. 그저 옆에 서서 수수방관 하실 겁니까?(라고 맹렬히 공격을 한 뒤 애국자는 의기양양하게 답변을 기다리고, 반면 나는 당연한 수순처럼 곤경에 처할 차례였다. 그러나, 하나님을 찬양하라! 하늘로부터 묘책을 받는데 익숙한 사람은 이런 함정에

곧 현명해지기 마련이어서, 이제는…)뒷부분은 원문에서 분실되었음

답변: 우선 제시된 예는 상황에 전혀 맞지 않습니다. 왜냐하면 살인을 하는 개인은 자신의 자유 의지로 가족을 해하려 하지만, 전쟁 상황에서는 가련하고 무죄한 사람들이 가축 떼처럼 쫓겨 다니며 그들의 의사와 반대로 신을 믿지 않는 정부에 의해서 서로를 살육하도록 내몰린다는 것입니다. 이 상황에 대한 더욱 적합한 예는 스페인과 미국의 닭싸움에서 찾아볼 수 있습니다. 이 싸움에서 불쌍한 닭들은 오로지 주인의 기쁨을 위해서 서로의 피와 털을 흩뿌립니다. 그리고 이 모든 이익을 챙기는 것은 '중립적'인 구경꾼들과 그 주인들입니다.

두 번째로, 막연한 가정을 사실적 근거로 대체한다면 수없이 많은 기독교 가정들이 어떠한 범죄자들에 의해서도 침범 받지 않았다는 사실을 말하고 싶습니다. 하나님은 자신의 백성을 그들의 믿음에 따라서 보호하십니다. 왜냐하면, 그들은 경찰이 아니라 하나님을 믿기 때문입니다.

세 번째, 혹시나 실제 폭력이 발생한다해도 마태복음 5장과 로마서 12장은 여전한 진리이며 하나님의 말씀에 우리는 여전히 순종해야 합니다.세 명의 히브리 소년의 경우(다니엘 3장 16절–23절 참조)

물론 각 시대마다 일어난 새롭고도 강력한 운동들에 불가피하게 수반된 수많은 종교적 박해들을 언급하지는 않았지만, 그러한 박해들은 하나님이 기독교적 무저항의 교리를 승인하고 있음을 가장 현격한 방식으로 보여줍니다. 이 초기 무저항주의자들은 오늘날까지 이어지는 종교 전통 가운데서 빈번히 얘기되는 "순교자의 피가 교회의 씨앗이다"란 말 속의 바로 그 순교자들입니다. 극심한 고통 가운데서 그들이 보여준 숭고한 인내는 우리의 비겁함에 대한 경멸스러운 변명을 영원히 잠재웁니

다. "그가 나더러 이르되 이는 큰 환난에서 나오는 자들인데 어린양의 피에 그 옷을 씻어 희게 하였느니라. 그러므로 그들이 하나님의 보좌 앞에 있고 또 그의 성전에서 밤낮 하나님을 섬기매 보좌에 앉으신 이가 그들 위에 장막을 치시리니 저희가 다시 주리지도 아니하고 목마르지도 아니하며 해나 아무 뜨거운 기운에 상하지 아니할지니 이는 보좌 가운데 계신 어린양이 저희의 목자가 되사 생명수 샘으로 인도하시고 하나님께서 저희 눈에서 모든 눈물을 씻어 주실 것임이러라"계17:14-17

이 글은 *Weekly Evangel*, 1917년 4월 28일자 5페이지에 실린 글이다. 부스 클리본Booth-Clibborn은 초기 영국 오순절 운동의 리더로서 구세군 설립자의 손자이다.

성령의 능력 안에 있는 믿음

C.J. 퍼니스 C.J.Furness

전투주의자: 이제 히틀러가 그의 군대를 이끌고 미국을 침범하러 오고 있다고 상상해 봅시다. 그는 우리의 해안으로 다가오고 있습니다. 당신은 어떻게 할 생각입니까? 그저 기도만 하고 그가 하고 싶은 대로 하도록 내버려 둘 것입니까?

평화주의자: 아닙니다. 그것이 바로 핵심입니다. 제가 소극적인 '수동주의자'가 아님을 알아주길 바랍니다. 저는 우리가 '굴복해서 상황을 받아들이기'는 커녕, 그저 '참고 상황을 받아들여'서도 안 된다고 생각합니다.

나는 선으로 악을 이기는 것이 가능하다고 믿습니다. 그러나 그러기 위해서는 선에 대한 믿음이 있어야 합니다. 나는 영적인 힘이 적극적 힘이라고 믿습니다. 저는 일을 할 때 늘 이 힘에 의존해 왔습니다. 그리스도는 당신에게 충분한 믿음이 있다면 산을 향해 '움직이라'고 말할 수 있고 그러면 산이 옮겨질 것이라고 말합니다. 산을 옮길만한 믿음을 갖길 주장하는 것은 아닙니다만 저는 진정 그리스도가 자신이 이야기한 의미를 알고 있었다고 믿습니다. 많은 사람이 기독교인이라 주장하지만 그들은 그리스도의 가르침이 실제적이라는 것을 진정 믿지 않기 때문에 그리스도의 가르침을 적용해 볼 만한 믿음을 가지고 있지 않습니다.

당신은 제게 히틀러에게 수동적으로 복종하고 그의 명령을 따라야 하는지 물었습니다. 저는 분명히 그의 명령이든 그 누구의 명령이든 간에 우리의 양심이 괴로워한다면 그것을 거부해야 한다고 믿습니다. 우리의 믿음을 위해서 필요하다면 어떤 대가든지 치를 준비가 되어 있어야 합니다. 저는 우리가 공격이나 죽임을 당하지 않을 거라고 주장하는 것이 아닙니다. 다만, 그것이 스스로 침입자를 죽이는 것보다 훨씬 덜한 악이라고 생각해야만 한다는 것입니다. 불가피하게 물리적 무저항의 결과가 죽음인 경우는 반드시 존재합니다. 제 퀘이커 조상 중 한 분은 혁명기에 징병담당 장교에 의해서 살해되었는데 그것은 그가 무기 소지를 거부했기 때문입니다.

그렇다고 해서 저는 해변에 서서 히틀러가 방향을 돌려 돌아가기를 기도하겠다는 것은 아닙니다. 저는 모든 사람 안에 있는 또 그의 마음속에도 존재하는 "하나님의 그 무엇"that-of-God을 생각하며 그를 만날 준비를 할 것입니다. 오직 이러한 정신만이 공통된 영적 바탕에서 그를 만날 수 있도록 할 것입니다. 그리고 만일 그가 반응하지 않는다면 저는 제 양심에 반하는 것을 강제로 하는 것보다 차라리 죽을 준비를 할 것입니다.

전투주의자: 이제 당신에게 한 가지 질문을 던지겠습니다. 만일 당신의 어머니가 병상에 있고 움직일 수 없는 상태인데 강도가 그녀를 해치려고 다가간다면 여전히 당신은 그를 죽이지 않는 것이 당신의 의무라고 말씀하실 것입니까? 물론 당신이 그를 막으려고 모든 합리적인 수단

을 다 동원했고 그의 반응을 기다렸다고 합시다. 만일 당신이 손에 무기를 가지고 있다면 당신의 어머니를 구하기 위해 그를 죽이는 것이 당신의 의무가 아닐까요?

평화주의자: 저는 종종 이 문제를 가지고 제 어머니와 이야기해 왔습니다. 그리고 어머니는 제 손에 피를 묻히는 것보다는 강도가 어머니를 죽이도록 내버려 둬야 한다는 것에 동의했습니다. 그것은 비교적 쉽게 해결되는 상황입니다. 저는 이 점과 관련된 기존에 누적된 사례들과 그것들에 대한 논증을 알고 있으므로 더욱 도전적인 검증 사례를 통해서 문제를 더 분명히 밝혀 보려고 합니다. 제 어머니에 대한 가설은 비교적 단순하고 해결하기 어려운 문제는 아닙니다. 그러나 제 스스로에게도 많은 논증거리가 되어 온 다른 상황들을 생각해 볼 수 있습니다.

예를 들어, 공격의 대상이 매우 어린 아이라면….

공격의 대상이 매우 어린 아이라면 제가 진정 무엇을 해야 하는지 제 양심으로 해결하기 어렵습니다. 더 나아가 공격자가 강도가 아니라 정신병자라고 가정해봅시다. 어리고, 무력하고, 순진한 어린아이를 보호하기 위해서 그 공격자를 죽이는, 극단적 폭력을 사용하고픈 것은 커다란 유혹입니다. 사실 이 경우와 내 어머니에게 다가올 강도의 경우를 두고 왜 차이가 느껴지는지 설명하기 어렵습니다. 어린 아이의 목숨을 담보로 한 정신나간 사람을 용서하는 것이 나의 임무라고 말하는 것은 결코 쉽지 않다는 것은 알고 있습니다.

전투주의자: 아마 그 차이는 당신의 어머니가 이미 스스로 결정할 수 있는 나이에 이르렀다는 데 있는 것 같습니다. 분명히 그녀는 당신의 양

심적인 입장을 인정했습니다. 그녀는 당신의 원칙을 위해서 자신의 목숨을 기꺼이 포기할 것을 표명했습니다. 그러나 어린 아이는 그러한 어려운 상황에서 스스로를 위해 판단할 수 있는 시기에 이르지 않았습니다. 바로 이 점이 두 사례 사이의 차이가 아닐까요?

평화주의자: 어쩌면요. 이와 관련된 법적 쟁점이나 도덕적 원칙들을 철저히 알지 못하는 저로서는 말로 그 차이를 정확히 설명할 수 없겠습니다만, 아마도 당신의 설명이 옳을 것입니다. 그러나 제가 그러한 상황에서 어떻게 행동해야 한다고 생각하는지를 분명히 하기 위해 '미친' 사람들을 평범한 사람들의 시각으로 보지 않는다는 것을 분명히 밝히고 싶습니다. 저는 오랫동안 정신병이 개입된 사례에 관여해왔고 정신병자들을 대하는 방식에 대한 문제에 특별한 관심을 가져왔습니다. 제 친구이자 권위 있는 정신병의학자이기도 한 클라라 바루스Clara Barrus 박사는 과학적으로 검증된 자료를 가지고 『정신병의 간호』Nursing the Insane라는 책을 썼습니다. 뉴욕의 미들타운에 있는 정신병원에서 의사로서 오랫동안 근무하면서 그녀는 환자들에게 결코 어떤 형태의 폭력이나 물리력을 사용하지 않았고 다른 이들이 자신을 보호하기 위해 폭력을 사용하는 것도 허용하지 않았습니다.

또한, 저는 아버지와 남편이 모두 정신병에 걸린 한 간호사를 알고 있습니다. 그녀는 저에게 어떻게 남편과 한 집에서 생활할 수 있는지 말해주었는데 그것은 바로 그녀가 그를 다룰 수 있는 능력이 있다고 믿었기 때문이고 또 시설에 위탁하면 그에게 물리적 폭력이 가해질 것을 알고 있기 때문이었습니다. 저는 그녀가 어느 날 욕실에 그 남편이 뒤따라 들어온 사건에 대해 이야기한 것을 잊을 수 없습니다. 그녀가 뒤돌아 보았을 때 그의 손에는 큰 식칼이 들려 있었습니다. 그는 말했습니다. "메리, 우리는 늘 환상적인 친구였지. 그 관계가 완벽할 수 있도록, 나는 끝내 야겠어." 그녀는 평생에 그렇게 기도해 본 적이 없다며, 즉시 믿음의 힘을 실행에 옮겼다고 말했습니다. 그녀는 그녀의 사랑이 정신병이라는 겉모습 뒤에 감추어진 그의 영혼을 만질 수 있다는 것을 알았기에 그에게 말했습니다. "그 칼을 내려놓으세요." 결국 그는 그녀에게 칼을 건네 주었다고 합니다. 저는 사람의 영혼은 결코 질병에 걸리거나 이상해질 수 없다고, 그래서 어떤 어려운 상황이라도 믿음의 힘과 영적인 호소로 헤쳐나갈 수 있다고 믿습니다.

전투주의자: 이렇게 정신이상에 대한 보기 드문 생각은 퀘이커 교도로서의 당신의 양육 배경 때문입니까?

평화주의자: 아마도 그것과 관계있는 것 같습니다. 왜냐하면, 퀘이커 형제들은 초창기부터 "하나님의 그 무엇이 모든 인간 안에"that of-God in every man 있다는 것을 믿어왔기 때문입니다. 조지 폭스George Fox의 일기에는 이런 이야기가 나옵니다. "머리가 온통 헝클어진 채 의사의 손 아래 놓여있던 정신분열을 일으킨 한 여성이 있었다. 혈액을 채취하기 위해 주변의 많은 사람들이 힘으로 잡고 있었지만, 의사는 계속해서 혈액을 채취할 수 없었다. 나는 그들이 그녀를 풀어주고 가만히 내버려두기를 바랐다. 결코 그 방법으로는 그녀를 고통스럽게 하는, 그녀 안의 영혼에는 손을 댈 수 없다는 것을 알았기 때문이다. 결국 그녀를 풀어주었을 때 나는 마음의 이끌림을 받아 그녀에게 주님의 이름으로 조용히 가만히 있을 것을 명령하였다. 그리고 평안이 찾아왔다. 주님의 능력이

그녀를 안정시켰고 그녀는 치료되었다."

전투주의자: 그렇다면 당신의 가설적 검증 사례에서 당신의 입장은, 정신병자를 죽이는 대신 아이가 죽임을 당할 수 있는 위험을 그냥 감수하겠다는 것으로 이해하면 되겠습니까?

평화주의자: 저에게 그럴 힘이 있어도 아이를 구하기 위해 정신이상자를 죽이지 않을 것이라고 성급하게 말하지는 않겠습니다. 그러나 저는 그를 죽이지 않고 견딜 수 있는 힘을 달라고 기도해야 한다고 믿습니다. 아마도 제게 이런 입장을 취할 권리는 없었을 것입니다. 만약 필요한 상황에 개입할 수 있는 영적인 힘의 능력에 대한 진정한 믿음이 저에게 없었다면 말이죠. 또한 제가 그 책임을 질 준비가 되어 있지 않고 영적 힘에 대한 간구가 실패할 때 초래될 치명적 결과를 받아들일 준비가 되어 있지 않다면 이 결정을 할 권리가 없습니다. 그러므로 분명한 저의 대답은 정신이상자를 죽여서는 안 된다는 것입니다.

전투주의자: 당신은 적어도 한 가지 덕은 소유하고 계시는군요. 바로 시종일관 변함없는 일관성 말입니다.

평화주의자: 전적으로 일관되었다고 말하고 싶지는 않습니다. 어떤 인간도 실제로 그럴 수 없기 때문이죠. 그러나 저는 이 문제를 수년간 진지하게 생각해 왔습니다. 저는 18세에 그것을 겪고 이후로는 같은 선상에서 증거로 제시할 경험이 많지는 않습니다. 그래서 그러한 것을 증명하려 하는 일이 얼마나 힘든 것인지 알고 있습니다. 저는 당신이 선으

로 악을 이길 수 있는 힘에 대한 저의 믿음이 하나의 환상이라고 생각하는 것을 알고 있습니다. 당신은 저의 인생철학이 실제적이지 않다고 생각할 것입니다. 그러나 저는 지난 삼십 년간 줄곧 일관되게 그것을 실천해 왔고 이제 알고 있습니다. 그것이 실제로 효과가 있다는 것을 말입니다!

뉴잉글랜드 음악학교 소속인 클리프튼 조셉 퍼니스Clifton Joseph Furness가 1942년 녹음한 녹취록 "Inquisition"에서 발췌한 글이다. 1944년에 화해를 위한 협회와 전쟁 예방을 위한 국가위원회(Fellowship of Reconciliation and the National Council for the Prevention of War)에 의해 *The Gist:A Peace Digest* 지에 실렸던 글을 협회의 허가 아래 다시 싣는다.

권총은 최후의 수단이 될 수 없다

헨리 호드킨 Henry T. Hodgkin

위급한 상황이 닥쳤을 때 가장 확실한 안내자는 영적인 조명을 통해서 얻을 수 있는 인격에 대한 더 깊은 지식이다. 만일 모든 생명이 우리 아버지의 손안에 있다면 우리는 이 영적 조명에 의존할 수 있을 것이다. 이러한 점에서 우리는 폭력에 호소하는 것이 상황을 타개하기 위한 유일한 수단인 것처럼 보이는 순간에도 영적인 조명을 통해서 그것이 올바르지 않다는 각성을 하게 된다.

나는 상당히 주저하는 가운데 다음의 사례를 제시한다. 왜냐하면, 그것은 마치 이 점을 예시하기 위해서 꾸며낸 것처럼 보이기 때문이다. 나는 몇 년 전에 이 이야기를 들었다. 그리고 그것이 실제 일어났다는 사실을 보장할 수 있다. 구세군 모임에서 최근에 회심한 어떤 사람이 어느 날 저녁 집에 돌아왔을 때, 아버지가 술에 취해 손도끼로 그 어머니를 해치려는 것을 보았다. 그는 아버지에게 가서 조용히 이야기했다. "아버지, 이렇게 해서는 안 된다는 것을 아시죠." 아버지는 흉기를 내려놓고 아들의 말과 기백에 정신을 차렸다. 그리고 이 사건은 아버지의 삶이 변화하는 계기가 되었다.

여기에 제시된 사례들은 일반적 원칙에 근거해서 강제력의 사용이 정당화될 수 있고 절망적인 상황을 다루는 유일한 수단인 것처럼 보인다. 한 사람이 방으로 들어갔다. 그는 최근 하나님을 생생하게 체험해서 영혼이 새로워진 사람이었다. 내가 주장한 대로 모든 원칙을 초월하는 내적인 안내에 따라서 그는 우리가 불합리한 방식이라고 부르고 싶을 상황을 다룬다. 그리고 그는 위기에 처한 힘없는 여자를 방어할 뿐 아니라, 또 술 취한 사람을 더 격분케 할 위험과 그에게 심한 해로움을 주는 것을 피한다. 역시 그는 문제를 늘 해결하는 역할을 한다. 그의 행동은 난폭한 주정꾼을 좋은 남편으로 만들었다.

우리가 해결 불가능한 문제들이라고 부르는 것들이 이런 방식으로 해결되는 경우는 수없이 많다. 나는 구체적인 방법을 제시할 수 없지만, 그 범죄에 대한 관심과 그의 악한 마음을 올바른 마음으로 바꾸고자 하는 열렬한 소원을 갖게 되면 더 강경한 방법이 필요해 보이는 상황마저도 평화롭게 해결될 수 있다는 것은 명백하다. 사실 폭력에 호소한다는 것은 하나님과 인간에 대한 불신을 함축한다. 그것은 고차원의 방법을 저차원의 쉬운 방법에 굴복시키는 것이고 살펴보았듯이 궁극적으로 악을 대면하는 효과적인 방법이 아니다.

나는 최근에 일어난 전쟁 중에 한 친구와 비슷한 문제를 토론한 것을 기억한다. 그는 내게 말했다. "맞다, 나는 내가 사용할 수 있는 모든 영적인 능력을 사용하고 싶다. 하지만, 최악의 상황에 부딪히게 된다면 내 주머니에 권총을 소지하고 싶을 것이다."

내가 여기서 견지하는 강제력에 대한 관념은 특별히 내 친구의 관점이 아니다. 강제력을 최후의 수단으로 호소하는 경우가 아니라 사랑의 방법 일부로서 가능하다면 그것을 사용하는 것이다. 예수의 마음속에서 "최후의 수단"은 용서하는 사랑이었을 것 같다. 만약 그것이 실패했다면 그가 가지고 있던 최종 목적을 위해 어떤 것도 성공하지 못했을 것이다. 말하자면 우리가 주머니 속에 권총을 가지고서는 선의에 최종적으로 호소할 힘을 상실한다.

헨리 호드킨Henry T. Hodgkin은 국제화해협회(International Fellowship of Reconciliation)의 창설자 중 한 사람이다. 여기에 재수록 된 원고는 그의 책 *The Christian Revolution*(London: Swarthmore Press, 1923)에서 발췌했다.

할머니 만세!

조안 베츠 Joan Baez

"좋습니다, 당신은 평화주의자입니다. 만일 어떤 사람이 당신의 할머니를 해하려 한다면 당신을 어떻게 행동하겠습니까?

"내 가엾고 늙은 할머니를요?"

"예, 그렇습니다. 한 방에 할머니가 있고 그녀를 해하려는 녀석이 있습니다. 그리고 당신은 거기에 서 있습니다. 이제 당신은 어떻게 하시겠습니까?"

"저는 소리를 지르겠습니다. '할머니 만세!' 라고 외치고 방을 나가겠습니다."

"아니요, 진지하게 말입니다. 그가 권총을 가지고 있고 할머니를 쏘려고 한다고 해봅시다. 당신은 그를 먼저 쏘겠습니까?

"제가 권총을 가지고 있다고요?"

"그렇습니다."

"그럴 리가요, 저는 평화주의자입니다. 저는 권총을 가지고 있지 않습니다."

"그렇다면, 당신이 총을 가지고 있다고 가정해 봅시다."

"좋아요. 제가 명사수입니까?"

"예."

"저는 그의 손에 들린 총을 쏘겠습니다."

"아닙니다. 당신은 명사수가 아닙니다."

"저는 총 쏘기가 무서울 것입니다. 할머니를 쏠지도 모릅니다."

"그래요? 좋습니다. 우리는 다른 예를 취해보겠습니다. 만일 당신이 트럭을 몰고 있다고 해봅시다. 당신 쪽에 가파른 절벽이 있는 비좁은 도로 위에 있습니다. 도로 한 가운데에는 작은 소녀가 서 있습니다. 당신은 너무 빨리 달리고 있기 때문에 멈추기가 어렵습니다. 이럴 때 어떻게 하시겠습니까?"

"잘 모르겠습니다. 당신은 어떻게 하시겠습니까?"

"제가 당신에게 묻고 있습니다. 당신이 평화주의자입니다."

"예, 물론 알고 있습니다. 좋습니다. 제가 트럭을 통제할 수 있습니까?"

"그렇습니다."

"제가 경적을 울려 그 소녀가 도로 밖으로 나가게 할 수는 없을까요?"

"그녀는 너무 어려서 걸을 수 없습니다. 그리고 경적도 말을 듣지 않습니다."

"그녀가 어디로든 움직이지 않기 때문에 나는 그녀의 왼쪽으로 돌아가려고 핸들을 틉니다."

"아니요, 거기에는 급한 경사면이 있습니다.

"오, 좋습니다. 그렇다면, 저는 트럭을 절벽 쪽으로 굴리고 소녀를 구하겠습니다."

(침묵)

"그렇다면, 트럭 안에 다른 사람이 있다고 생각해 봅시다. 그럴 땐 어떻게 하시겠습니까?"

"나의 결정과 내가 평화주의자라는 것 사이에 무슨 관계가 있습니까?"

"트럭 안에는 당신을 포함해 두 사람이 있고 소녀는 혼자입니다."

"어떤 이가 말했습니다. '만일 당신이 실재적 악과 가상적 악 사이에서 선택해야 한다면, 늘 가상적 악을 선택하라' 는 말이 있습니다."

"헉! 뭐라고요?"

"저는 평화주의자들이 죽는 것에 당신이 크게 신경을 쓸 필요가 없다는 것을 말씀 드리는 것입니다."

"저는 단지 당신이 어떻게 할 것인지 알고 싶을 따름입니다."

"제가 한 친구와 함께 차에 있고 열 달 된 어린 아기가 길 한가운데 혼자 있고, 그 아이의 한쪽에는 경사면이 있고 다른 쪽에는 가파른 절벽이 있는 위험한 난관에 들어가고 있다는 것이죠?"

"바로 그겁니다."

"아마도 저는 브레이크를 확 밟고 내 친구를 경사면 쪽으로 뛰어내리게 할 것입니다. 그렇게 되면 작은 소녀의 생명을 구할 수 있겠지만 절벽 쪽으로 굴러 제 생명을 던지게 되겠지요. 아마도 할머니의 집이 계곡 밑에 있고 트럭이 지붕 위로 떨어져 거실을 덮칠 것입니다. 거기에서 할머니는 처음이자 마지막으로 침범을 받게 되는 것입니다."

"당신은 나의 질문에 대답하지 않으셨습니다. 당신은 단지 그 상황에서 빠져나오려고 하고 있습니다."

"진정으로 저는 두 가지 사실을 말씀드리려 하고 있습니다. 하나는 누구도 위기의 순간에 어떻게 행동할지 모른다는 점입니다. 그리고 가설적인 질문은 가설적인 답변을 낳는다는 것입니다. 게다가 당신이 한 사람이나 그 이상의 사람을 죽이지 않고서는 상황을 벗어나는 것이 불가능하다는 사실을 암시하고 있습니다. 그러고 나서 당신은 말하기를 '평화주의는 좋은 사상이다. 그러나 그것은 현실에서는 효과가 없다' 라고 합니다. 그러나 그것이 저를 불편하게 하지 않습니다."

"무엇이 당신을 불편하게 합니까?"

"글쎄요. 당신은 그것이 가설이기 때문에 특히 좋아하지 않을지 모릅니다. 그것은 현실에서 일어나는 일입니다. 그리고 그것에 비하면 할머니를 공격하는 것은 파티에서 하는 놀이처럼 보입니다."

"그것은 무엇입니까?"

"제가 생각하는 것은 우리가 사람들을 효율적인 방식으로 죽이는 방법을 훈련받도록 몰아넣고 있을지도 모른다는 것입니다. 이것은 트럭이나 절벽과 같이 우연한 상황이 결코 아닙니다. 오히려 그 반대입니다. 당신은 으르렁거리고, 고함지르고, 비행기에서 뛰어내리는 법을 알고 있습니다. 이것은 정말 조직화된 폭력입니다. 왜 당신은 할머니의 가슴에 칼을 찌를 수도 있는 능력을 갖춰야만 합니까?

"공적인 폭력과 개인적 폭력은 전적으로 다른 것입니다."

"아닙니다. 당신은 그런 상황이 훨씬 더 끔찍한 것임을 알지 못하십니다. 왜냐하면, 그것은 실재적인 사실이고 지금 바로 일어날 일이 아닙니까? 보십시오. 한 장군이 지도에 침을 꽂았습니다. 일주일 후에 한 무리의 젊은이들이 어느 정글 속에서 땀을 흘리고 있습니다. 그들은 서로 어깨와 다리에 총을 쏘고, 함성을 지르고, 기도하고, 창자가 터집니다. 이것이 당신에게는 어리석은 것처럼 보입니까?"

"글쎄요, 당신은 전쟁에 대해서 말씀하고 계시군요?"

"그럼 대신에 어떻게 할 것입니까? 다른 편 뺨을 대실 거라고 생각이 드는데요."

"아니요. 그의 악에 대항하겠지만 당신의 원수를 사랑하고 죽이지 않을 것입니다."

"예, 그에게 무슨 일이 일어나는지 봅시다."

"그는 성장합니다."

"저주받은 십자가에 그를 매다는 꼴이 됩니다. 저는 그렇게 되고 싶지 않습니다."

"당신은 그렇게 하지 않으실 건가요?"

"뭐라고요?"

"저는 당신이 어떻게 죽을지 직접 선택할 수 없다는 것을 말씀드리는 것입니다. 또는 언제 죽을지 말이죠. 당신은 단지 어떻게 살아야 할지 스스로 결정할 수 있습니다. 지금 말입니다."

"글쎄요, 저는 사람들이 저를 밟고 지나가게 하지는 않을 것입니다. 그것은 확실합니다."

"예수는 '악에게 지지 말라' 라고 말했습니다. 평화주의자는 단지 그 반대입니다. 그는 악이 극복될 때까지 몸과 마음을 다해서 악을 이기라고 말합니다."

"이해하지 못하겠습니다."

"조직화된 비폭력 저항, 간디… 그는 인도 사람들을 비폭력적 저항으로 조직화했고 대영제국으로부터 인도가 해방될 때까지 영국에 대항해 비폭력적 전쟁을 했습니다. 첫 시도는 나쁘지 않았습니다. 그렇게 생각하지 않으십니까?"

"예. 좋습니다. 그러나 그는 문명화된 영국에 저항하고 있었습니다.

우리는 그렇지 않습니다."

"문명화된 사람들이 아니라고요?"

"문명화된 사람들을 다루는 것이 아니라고 하면서 당신은 러시아인들에게 무기를 겨냥하고 있군요. 혹시 중국을 말씀하시는 것이 아닙니까?

"예, 중국인들입니다. 중국은 다르지 않습니까?"

"오, 선생님, 전쟁은 누군가 공산주의를 꿈꾸기 오래전부터 일어나고 있었습니다. 그것은 단지 자기 의를 위한 가장 최근의 정당화에 불과합니다. 문제는 공산주의가 아닙니다. 그것은 합의의 문제입니다. 당신의 정부가 누구를 죽여야 한다고 결정할 때 살인하는 것이 허용된다는 합의 말입니다. 만일 당신이 나라 안에서 살인한다면 그것은 문제가 됩니다. 만일 당신이 나라 밖에서 정당한 시간, 정당한 계절, 적군이 눈앞에 있는 경우와 같은 조건들이 충족된다면 당신의 행위는 상을 받게 될 것입니다. 130여 개의 민족국가가 있습니다. 각 민족마다 자기 민족이 더 중요하기 때문에 다른 민족을 죽이는 것은 괜찮은 일이라고 생각합니다."

"평화주의자들이 생각하는 것은 40억이라는 단 하나의 부족部族만이 있다는 것입니다. 그들이 우선입니다. 가족 성원이 죽는 것은 슬픈 일입니다. 우리는 차이를 해결하는 더 점잖고 지혜로운 방법이 있다고 생각합니다. 그리고 다른 가능성에 대해 연구하는 것이 더 좋을 듯합니다. 왜냐하면, 그렇게 하지 않으면 실수나 고의로 그의 모든 인류를 죽일지도 모르기 때문입니다."

"죽이는 것은 인간의 본성입니다."

"그렇습니까?"

"그것은 자연적입니다. 당신이 바꿀 수 있는 것이 아닙니다."

"만일 죽이는 것이 자연스러운 것이라면 왜 인간은 죽이는 방법을 배우고 훈련받아야 합니까? 인간의 본성에는 폭력이 있습니다. 그러나 역시 품위, 사랑, 친절도 존재합니다. 인간은 조직하고, 사고, 팔고, 폭력을 몰아내려 합니다. 비폭력주의자는 바로 이점을 바탕으로 사회를 조직하려 합니다. 모든 비폭력은 조직화된 사랑입니다."

"당신은 제정신이 아니군요."

"혹시 당신은 나머지 세상이 올바른 정신 상태인지를 저에게 조심스럽게 말해 주실 수 있습니까? 폭력이 지난 500년간 큰 성공을 거두었다는 것에 대해 말해보십시오. 또 세계는 양호한 상태에 있다고 말해 보십시오. 전쟁이 평화, 이해, 형제애, 민주주의, 그리고 자유를 인류에게 가져다주었다고 말해 보십시오. 그렇게 서로 죽이는 것은 신뢰와 희망을 낳았습니다. 10억의 사람들이 다른 30억의 사람들을 희생해서 번성하는 것은 멋진 일이라고 말해 보십시오. 또는 그것이 순조롭지는 않았지만, 몇몇의 작은 전쟁들만 해결된다면 이제는 모두를 위한 좋은 세상으로 들어가고 있다고 말해 보십시오."

"저는 그렇다고 봅니다."

"그런 결과는 운이 좋은 경우라고 생각합니다."

"저는 미국이 표방하는 것들을 지켜야 한다고 생각합니다. 당신은 자기 스스로 방어할 권리를 믿지 않으십니까?"

"아니요. 바로 그렇게 해서 마피아가 시작되었습니다. 한 작은 무리가 모여 농부들을 폭력으로 보호하기 시작했던 것입니다. 저는 간디의 비폭력 저항을 취할 것입니다."

"저는 비폭력의 논점을 아직도 이해하지 못하겠습니다."

"비폭력의 핵심은 우리가 더는 가라앉을 수 없는 새롭고 강력한 토대를 건설하는 것입니다. 그것은 네이팜탄, 고문, 착취, 독가스, 폭탄들보다 훨씬 위에 자리 잡게 됩니다. 사람에게 딛고 설 알맞은 터를 주십시오. 인간은 인간의 핏속에서 뒹굴고 토하고 살을 태우면서 세상이 어떻게 평화를 가져다줄 수 있는지를 탄원합니다. 이윽고 인간이 구덩이에서 잠시 머리를 들고 나와서 재료를 모아 땅보다 높은 곳, 신선한 공기 가운데 한 구조물을 지으려고 하는 것을 봅니다. 그리고 그는 말하기를 '좋은 생각이지만 현실적이지 않아!' 하고는 다시 구덩이로 미끄러져 들어갑니다. 그것은 인간이 지구가 둥글다는 것을 발견했을 때와 마찬가지입니다. 인간은 지구가 가용한 증거를 가지고 평평하다고 수년간 싸웠습니다. 그렇지만 지구는 절대 평평하지 않았습니다. 지구의 모서리에 절벽이나 작은 배들을 집어삼키는 바다 괴물 같은 것도 없었습니다."

"어떻게 당신은 이 실제적인 구조를 건설할 것입니까?

"땅에서부터 위로입니다. 모든 수준에서 폭력에 대한 가능한 모든 대안을 연구하고 배우고 실험할 것입니다. 인간의 형제애를 긍정하며 민족국가, 전쟁세, 징집, 대량학살, 모든 형태의 살인을 부정한다는 가정에 기초한 새로운 제도를 시작할 것입니다. 나아가 세상에 비폭력적 관행을 정착시키고 모든 기회를 동원해서 민족, 집단 간의 대화의 기회를 만들어 살인의 합법성을 부정하는 것으로 말입니다.

"그것은 정말 좋게 들리지만 다소 현실성이 부족한 것 같군요."

"당신이 아마도 옳을 것 같습니다. 우리는 충분한 시간이 없습니다. 지금까지 우리는 영광스러운 실패자였습니다. 비폭력을 조직화하는 것보다 더 큰 실패는 폭력을 조직화하는 것이었습니다."

대중 가수인 **조안 베츠**Joan Baez는 1960년대부터 평화주의를 고취하려고 그것을
오락과 결합시켰다. 이 본문은 그녀의 책 *Daybreak*(c 1968)에서 발췌한 것으로
1968년 *The Atlantic Monthly*(1968년 8월호)에도 실렸다.

왜 조금 더 생각해 보지 않는가?

데일 브라운 Dale W.Brown

가설적 질문으로는 가설적 대답밖에 기대할 수 없다. 가설적 질문이라는 것은 결과를 조작할 수 있도록 제기되기 때문이다. 가설적인 대안들은 게임의 두 당사자 양 방향에서 이루어질 수 있다는 것을 증명해야 한다.

가령, 당신이 갑자기 끔찍한 현장에 이르게 된다고 상상해 보자. 한 무리의 어린이들이 놀고 있다. 한 남자가 그들을 향해서 총을 겨누고 있다. 만일 당신이 그에게 총을 쏜다면 당신은 아이들을 구하게 될 것이다. 만일 당신이 실패한다면 아이들의 죽음에 대한 책임은 당신에게 있다. 당신은 총을 쏘았고 그 남자는 죽는다.

그러나 만일 이것이 가설적 상황이라면 한두 가지 요소를 덧붙여서 이 상황을 좀 더 복잡하게 설정해 볼 수 있지 않을까? 그 남자가 볼 수 있고 당신이 볼 수 없는 언덕 위로 난폭한 곰 한 마리가 오르고 있다. 그는 지금 그 아이들을 구하려고 그 곰을 향해 총을 쏘려고 하는 중이었다. 그러나 당신이 총을 쏘았기 때문에 그 곰이 아이들을 난폭하게 습격해 해친다. 비극적으로 당신만 총을 쏘았다.

　이런 식의 상황을 설정해 보는 게임을 계속하는 것은 흥미로울 수 있겠지만, 평화주의자를 향한 추가적인 가설적 질문 중 몇 가지를 더 고려해보면 더 도움이 될 수 있다. 다음은 흔히 제기되는 질문이다. "모든 사람이 자신의 무기를 내려놓는다면 무슨 일이 일어날 것인가?"

　첫째 반응은 "멋져요! 이것은 결국 우리가 평화로운 세상에 살 수 있게 된다는 것이군요." 물론 이 질문이 잘못되었다는 항의를 받을 수 있다. "만일 모든 미국인이 평화주의자가 된다면 러시아인, 중국인 그리고 다른 나라들이 우리를 점령하지 않을까요?" 개인적으로 친분이 있는 미국인들을 바탕으로 생각해 볼 때 모든 미국인이 평화주의자가 된다는 것은 상상하기 어려운 일이다. 나는 그것이 불가능해 보이지만 가능한 것으로 이 문제를 다룰 것이다.

　세상에서 가장 강력한 국가가 고통을 감수하는 사랑을 보여준다면 침략 군대의 임무 수행 자체를 마비시킬 수 있다. 또한, 세계여론이 이런 군사 행동이 중단되도록 압력을 가할 수도 있다. 만약 이런 상황이 실제로 일어난다면 큰 본보기가 될 수 있을 것이다. 반대로 이 상황은 세계가 경험한 가장 큰 대량 학살, 순교, 그리고 기독교에 대한 고귀한 증거가 될 수도 있다. 또 한 가지 가능성은 미국인들이 자신의 돈으로 스페인, 남베트남, 과테말라, 그리고 세계 곳곳에서 그들의 권력을 유지하기 위해서 지원했던 독재체제를 처음으로 경험하게 될지도 모른다.

　솔직히 말하자면 모든 미국인이 고난의 십자가 사랑을 짊어지면서 그리스도처럼 된다면 무슨 일이 일어날지 모르겠다. 그러나 평화주의에 대해 회의적인 사람들과 평화주의를 지지하는 사람들이 느끼는 감정은 전적으로 두 가지 다른 가정에 근거해 있다고 생각한다. 보통 회의주의자는 모든 미국인이 예수가 밟은 길을 따라가게 된다면 그것은 가능할지도 모르는 가장 큰 비극이라고 여긴다. 나는 미국인들 모두가 이러한 기독교인이 될 수 있다면 환상적인 일이라고 생각한다. 나는 무슨 일이 일어날지 예견할 수 없다. 다만, 그것이 일어나기를 바랄 뿐이다.

그러나 히틀러는 어떤가? 600만 유대인을 학살하고 많은 나라에 무자비한 독재 권력을 휘둘렀는데 어떻게 이런 악에 대항하지 않을 수 있겠는가?

그러한 질문에 쉽게 답변할 수 없다. 이 상황은 가설적 상황이 아니다. 히틀러는 실제로 존재했고 우리는 그 기간의 악몽을 알고 있다. 그러나 그 질문은 가장 선택적 질문이다. 왜냐하면, 하나의 사례를 제시하기 위해서 역사에서 한 상황을 떼어냈기 때문이다.

마찬가지로 평화주의자도 역사에 뿌리를 둔 다른 경우로 맞서도록 유혹을 받을 수 있다. 가령 미국이 평화주의였고 1차 대전에 개입하지 않았다면 세계는 부당한 평화조약을 알지 못했을 것이고 히틀러가 정권을 잡는 조건을 창출하는 데 일조했던 가혹한 배상금은 없었을 것이다. 또 경우에 따라서 '만일'의 형식을 띤 선택적 질문을 통해 어떤 입장을 옹호하는 것을 얼핏 생각하게 한다. 가령 미국이 2차 세계대전에 참전하지 않았다면 독일과 러시아는 서로 파괴했을 것이고 공산주의는 저지되고 약화되어 유럽의 목을 조르기가 쉽지 않았을 것이다.

그러나 그러한 사고는 원래의 논점을 피하는 것이다. 대부분 평화주의자는 히틀러에 대해서 사랑의 저항을 옹호할 것이고 이것은 점령당한 스칸디나비아 국가들의 지하 운동에서 분명히 나타난다. 우리는 감히 그러한 비폭력 무저항이 독재를 완화하고 심지어 사람들의 고통을 줄이리라고 가정하지 않을 것이다. 기독교 평화주의자는 십자가의 길이 어떤 특정 상황에서 효과를 볼 것이라고 장담할 수 없다. 그리고 그의 입장이 널리 받아들여지리라고 가정할 수도 없다. 그는 십자가의 길이 올바른 반응이고 시도된다면 궁극적으로 그것이 최선의 길이라는 믿음 안에서 사는 것이다.

여기에 연관된 인내의 태도가 있다. 정치적으로 악한 정권은 자신 안에 파괴의 씨앗을 가지고 있다는 두려움 속에서 살 것이다. 가령, 히틀러의 장교들 사이에서 히틀러의 독재를 타도하기 위한 여러 공모가 있었다는 증거가 있다. 그러나 우리는 그러한 정치적 분석에 의존할 수 없다. 왜냐하면, 우리는 과거나 미래의 "…라면"의 문제에 대한 대답을 결코 알 수 없기 때문이다. 우리는 이것이 그 길이라는 소망 가운데 그의 길을 믿고 따라갈 수 있다.

오늘날 이와 같은 문제가 억압적 정권 아래서 자신의 삶을 박탈당한 사람들을 위한 폭력혁명을 옹호하는 사람들에 의해서 새로운 형태로 제기된다. 그들에 따르면 현재의 불의 상태를 존속시키는 것보다 더 적은 폭력을 통해 폭력적 혁명이 발생하지 않게 하는 것이 더 낫다고 한다. 사람들에게 제도화된 폭력은 노골적인 물리적 폭력보다 더 악하다고 한다. 제도화된 폭력은 심리적 종속화, 높은 유아사망률, 빈약한 의료보호, 게토화된 삶, 낮은 수명의 형태로 권력 구조에 의해서 영속화된다.

어떤 이들은 냉혹한 폭력혁명을 통해 고초를 겪었던 중국이 인도보다 더 낫다고 중국을 인용한다. 인도는 혁명을 통해 기초적인 삶의 조건

건조차도 변화되지 않는 곳이어서 빈곤, 토지개혁의 결핍, 제도화된 폭력이 널리 퍼져 있다. 오늘날 혁명가들에 의한 그러한 주장들은 답하기 어렵다. 그러나 평화주의자들은 결국 올바른 수단이 더 올바른 목적을 달성할 수 있다는 신념으로 산다.

가설적 질문들을 제기하면서, 많은 사람이 한 개인의 행동을 가지고 그의 전쟁에 대한 견해로 직접 연결시키는 경향이 있다. 만일 어떤 이가 자신의 아내를 방어해야 한다고 믿는다면 그가 반드시 방어적 전쟁을 신봉한다고 가정한다. 한 평화주의자가 자신의 아내를 방어한다고 해서 그것이 즉각적으로 공격자의 아내와 친척들을 향해 폭탄을 던져야 한다는 것을 의미하지는 않는다.

그러나 더 중요한 것은 어떤 평화주의자들은 경찰의 공권력 행사를 옹호하지만, 여전히 모든 전쟁에는 반대한다는 사실을 간과하고 있다는 점이다. 그들은 사회가 보호해야 할 시민을 위협하는 범죄자들에게만 강제력을 행사하는 것과 현대 전쟁에서 드러나는 대로 범죄자들과 함께 무고한 사람들도 무차별적으로 죽이는 전쟁을 구분하고 있다.

우리는 여러 종류의 평화주의적인 선택이 있다는 것을 인식해야만 한다. 어떤 평화주의자들은 무저항의 양식을 옹호한다. 어떤 이들은 침착하게 이성과 기도로서 공격자를 다루려고 한다. 그리고 어떤 이들은 자신의 가족을 지키려고 필요하다면 물리적으로 공격자를 제거할 수 있다고 생각한다. 몇몇 평화주의자들은 전쟁이 아닌 경찰의 활동에 참가하려고 한다. 다른 이들은 스스로 경찰의 공권력 행사에 참여하려고 하지 않지만 악한 세상에서 국가의 정당성을 인정한다.

이렇듯 전쟁에 반대하는 평화주의자들의 입장은 강제력에 대한 그들의 개인적 입장과 신념에 따라서 여러 방식으로 나타난다. 나로서는 타인의 생명을 빼앗을 것에 절대적으로 반대하는 이상을 소망한다. 어떤 특정한 상황에서 내가 어떻게 행동할지 독단적으로 주장할 수 없다. 나는 자신의 목숨보다는 생명을 내어 놓는 십자가의 길에 복종하는 것을 우선시하는 하나님의 은혜가 있기를 바란다.

가설적 질문에 대해 또 다른 한 가지 위험은 그것이 실제 문제를 다루는 것을 회피하는 방식이 될 수 있다는 것이다. 논의할 주제들에 대한 가설적 질문을 꿈꾸거나 대응하는 대신에 우리는 실제 문제들을 토론할 필요가 있다. 어떤 이들을 구하려고 마을을 파괴할 권리가 있는가? 수백만의 사람들이 증오와 살인을 위해서 훈련될 필요가 있는가?

그러나 가설적이면서 동시에 실제적인 질문에 지나치게 매달리면 그리스도인에 대한 진정성 있는 질문을 잊어버릴 수 있다. 그 질문은 "이런 세상에서 그리스도의 제자가 된다는 것은 무엇을 의미하는가?" 이다.

우선, 우리는 평화주의자들에게 제기된 가설 혹은 실제적 질문들을 다룰 수 있는 올바른 방식이 없다는 것이다. 다시 말해 질문뿐 아니라 어떤 대답이든 인위적이고 피상적임이 분명하다. 그러한 논의에서 값진 요소는 유머감각이다. 우리는 적들의 모든 삶에 민감하게 반응하여 얻을 수 있는 새로운 통찰에 마음을 열면서 사랑 안에서 어떤 진리를 공유할 수 있는지 배울 필요가 있다. 그러나 소리 없는 임재든 화禍의 예언이든 간에 우리는 사랑을 증명해야만 한다.

우리가 가설적 게임이 갖는 함정을 지적해 왔지만, 우리는 이러한 지적 유희에 쉽게 빠진다. 가설적인 '만약'을 제기하면서 평화주의자는 다음과 같이 말할 것이다. "어떤 사람이 그의 제자들로 민주사회를 위한 학생회의 회원, 흑인 정권을 위한 열렬한 투쟁자, 인터널 리뷰 서비스 Internal Revenue Service의 회원을 삼는다면 어떻게 되겠는가? 만일 그가 선으로 악을 이길 수 있다고 말한다면? 만일 이 사람이 억압받는 이들을 해방할 것이라고 말한다면? 만일 그가 교회에서 모든 농장과 소유를 분할해서 다른 사람들에게 나눠줄 것을 주장한다면? 만일 이 사람이 그 지역의 교회에 들어가 군산복합체軍産複合體, *로부터 얻은 이득으로 가득 찬 헌금함을 뒤집어엎는다면 무슨 일이 일어나겠는가?" 가설적 질문도 다른 방식으로 제기될 수 있다.

데일 브라운Dale W.Brown은 일리노이주 오크 브루트에 소재한 베다니 신학교 (Bethany Theological Seminary)의 신학교수이다. 이 발췌문은 폭력의 윤리학을 반박하는 긴 논의의 일부이다. 이 부분은 그의 책 *Brethens and Pacifisme*에서 발췌되었다. 이 책은 Brethren Press, Elgin, Ⅲ이 판권을 가지고 있고 출판사의 허가로 수록하였다.

---

* 옮긴이주- 군산복합체(military-industrial complex)란 군부와 기업이 연계된 상호 의존체제를 말한다. 군부와 기업이 결탁하여 군부는 기업에 군사기술과 정보를 제공하고 기업은 군부에 무기를 제공한다. 이들의 후원을 받는 국회의원들은 행정력으로 기업의 해외 시장을 개척을 도와 모두가 공생적 이해관계로 얽히게 된다. 특히 냉전시대 미국의 군산업체를 비판하면서 이 용어가 쓰였고, 부시 정부에서 "파월 독트린"으로 군사력 사용의 최소화를 선언했으나, 이라크전, 대테러전쟁을 명목으로 계속해서 군산업을 육성하고 있다

무방비의 스캔들

데일 아우커만 Dale Aukerman

예수는 어떤 공격에도 결연히 대응했지만 공격자를 응징하지는 않았다. 복음서에는 늘 반복되는 질문, "어떤 이가 당신의 아내, 어머니, 동생… 을 해하려 한다면 어떻게 하겠는가?"라고 질문할 수 있는 비슷한 상황이 존재한다. 예수는 무방비 상태인 여인의 생명이 빼앗길 현장 속에 있었다.요8:2-11 겁에 질린 간음한 여인을 향해서 돌들이 던져질 찰나였다. 예수는 그저 수수방관만 하지 않았다. 그렇지만 그는 하늘에서 불벼락을 내리게 하지도, 그의 제자들을 모아 주위에서 돌을 집어 들어 그 여자를 방어하게 하지도 않았다. 그는 그녀의 생명을 으스러뜨리려는 충동을 제압했다. 그는 전혀 다른 힘으로 그들의 치명적인 힘에 맞섰다.

그날 그의 승리는 제한적이었다는 것은 사실이다. 그의 주도권은 그 사람들과의 친교로 이어지지 않았지만, 그 사건이 완전히 친교를 부정하게 하지는 않았다. 예수는 공격자들과 그 여자 사이에 섰다. 사실 그는 공격의 화살을 자기 자신으로 돌렸다. 결국 예수의 생명을 소멸시켰던 광기는 부분적으로는 그가 그 여인을 대상으로 했던 바로 그 광기이다.

비슷하게 겟세마네에서 예수는 자신에게 그 공격을 유도하면서 제자들을 방어했다. "나를 찾거든 이 사람들의 가는 것을 용납하라"요18:8 그는 모두에게 몰아치는 악을 흡수함으로써 그들을 방어했다.

방어가 필요할 때 그리스도인은 예수를 모델로 삼아야 한다. 예수 안에서 우리는 하나님이 원하시는 종류의 인격을 보게 된다. "저 안에 거한다 하는 자는 그의 행하시는 대로 자기도 행할지니라"요일2:6 하나님이 언제 우리에게 예수 안에서 전혀 볼 수 없는 방어의 태도를 기대하신 적이 있는가?

가설적인 공격과 관계된 질문들은 종종 한 남자의 아내, 어머니, 동생의 강간을 예상하며 제기된다. 그러나 예수 옆에 있던 그의 어머니와 누이도 강간당할 가능성이 있었다. 이런 상황이라면 예수는 그의 원수를 사랑으로 대했을 것이다. 그렇지 않았다면 그는 자신의 기준에 비추어 볼 때 죄의 유혹을 받으셨을 것이다.

가설적 질문의 의도는 어떤 경우에 공격자에게 더 작은 악을 행할 필요가 있다는 것을 보여주는 것이다. 하지만, 이것이 옳다면 예수는 단지 운 좋게도 위협당하는 상황에 처하지 않아 우리처럼 시험을 당하지 않으셨기에 죄가 없다고 말하는 것이 된다. 히4:15 참조

대부분 역사를 통해서 교회에 스칼란돈실족케 하는 것은 예수가 자기방어를 포기하셨다는 사실이 아니라, 그의 백성이 같은 방식구원의 드라마

에서 필요하다고 여겨져 왔던으로 행동해야 한다는 원리였다. 그러한 비폭력에 맞서서 교회 내부의 지배적인 주장은 베드로의 울부짖음을 반영해왔다. "주여 그리 마옵소서! 이 일이 결코 주에게 미치지 아니 하리이다." 그의 탄원에서 베드로는 예수에게 하나님으로부터 돌아서게 할 스칼란돈이었다.마16:23 그는 교회사 가운데 지적 오류의 시조가 된다. 예수를 따르려는 사람들에게 원수의 손에서 고통을 당하는 것을 거슬러 예수의 생각을 바꾸라는 베드로의 간청은 하나님으로부터 멀어지게 하는 첫째 가는 미끼가 되어왔다.

만일 우리가 폭력으로 다른 이들을 방어하려고 한다면, 우리는 칼에 의지하는 베드로의 모습을 재현하는 것이 된다. 그리고 그러한 베드로의 행동은 예수를 버리는 진정한 전환점이 되었다. 만일 베드로가 폭력에 호소하지 않고 위협을 받는 자와 함께 서 있었다면, 그의 행동은 위협을 받는 자와 함께 있는 그리스도인들이 어떻게 행동해야 할지 보여주는 본보기가 되었을 것이다. 예수는 그들을 향해 무기 없이 서 있었다. 그의 제자들도 예수님처럼 행동해야 한다.

예수 그리스도는 공동체의 머리이다. 그리고 그리스도인들은 그의 상처에서 비롯되는 공동체적 연약함으로 한데 묶여 있다. 이것을 분별할 때에만 공격받은 사람들을 방어하는 것에 대한 올바른 사고가 있을 수 있다. 어떤 이들은 군사적 '방어'에 가담할 수 있다. 그러나 그리스도인들은 연약함을 함께 공유해야 한다. 공동의 기반에서 방어의 요소들이 있다. 그러나 겟세마네에서는 제자들이 이 집단적인 연약함에서 빠져나왔다. 그들은 자신의 몸이 아닌 예수의 몸과 함께 깨어졌다. 그리고

그것은 지금까지 내려오는 기독교왕국크리스텐둠/후기기독교왕국포스트크
리스텐둠 역사에서 지속적 패턴이 되어오고 있다.

데일 아우커만 Dale Aukerman은 미국과 유럽에서 삼십 년간 기독교적 평화를 증거
하는 데 적극적으로 활동했다. 그는 지금 연설과 집필활동을 하고 있고 평화 형
제회(Brethren Peace Fellowship)에서 간사로 있다. 이 글은 그의 책,
Darkening Valley(copyright 1981 by Dale Aukerman)에서 발췌했다.
Seabury Press의 허가로 사용했다.

당신이라면 어떻게 할 것인가?

데일 아우커만 Dale Aukerman

[평화와 전쟁에 대한] 논의 가운데 평화주의에 대한 반박으로서 거듭 제기되는 두 가지 질문들이 있다. 하나는 "만일 누군가가 당신의 아내와 아이들을 해하려한다면 당신은 어떻게 하겠습니까?"이고, 다른 하나는 "러시아 사람들이라면 어떻습니까? 당신은 수수방관하며 그들이 우리 나라를 집어 삼키도록 내버려 두시겠습니까?" 라는 질문이다. 이글은 동서 냉전기에 쓰였다—옮긴이주

우리가 예상할 수 있는 답변은 정신이 올바른 사람이라면 싸울 준비 가 되어 있을 것이고 필요하다면 사랑하는 사람들이 해를 입는 것을 막 기 위해서 기꺼이 살인할 것이라는 것이다. 그리고 가족을 위해 그런 행 동을 할 준비가 되어 있어야 한다면 마찬가지로 국가의 적에 대해서도 같은 행동을 해야 한다는 것이다.

이러한 질문들에 대한 기독교적 답변이 무엇인지 모색하면서 무엇보 다도 그러한 가상적 상황들에서 어떻게 행동할 것인지 미리 분명하게 말하기가 힘들다는 것을 인정한다. 그러나 나는 예수의 제자로서 무엇

이 잘못되고 빗나간 것인지, 그리고 무엇이 비기독교적인 행동인지와 내가 했으면 하고 소망하는 것에 대해서는 말할 수 있다.

기독교인으로서 나는, 가족이 공격을 당하는 상황에서 공격자의 인격과 생명에 대항해 움직이는 것이 잘못된 것이라는 사실을 알고 있다. 그렇게 하는 것은 그리스도의 가르침과 삶의 방식에 완전히 정반대되는 것이다. 그리고 나는 그 공격자의 아내와 아이들을 살해하려고 시도하지 않을 것이다. 이러한 태도는 전쟁 가운데서 자행되는 많은 일을 위한 귀감이 될 것이다.

정확하게 내 답변의 내용이 무엇이 될지는 미리 정리할 필요도, 또 그렇게 될 수도 없다. 그러나 내가 바라는 바는 그것이 그 공격자에 대한 그리스도의 사랑에서 나온 것임을 보여주게 될 것이라는 것이다. 나의 소원대로 행하기를 바라는 것과 실제 상황에서 그렇게 할 수 있느냐는 별개의 문제이다. 하지만, 그러한 나의 소망은 나의 비폭력적 대응을 더 쉽게 유도할 수 있다.

여기서 중대한 질문은 예수를 주±로 여기느냐는 문제이다. 예수는 "너희 원수를 사랑하며 너희를 미워하는 자를 선대하며 너희를 저주하는 자를 위하여 축복하며 너희를 모욕하는 자를 위하여 기도하라"눅6: 27-28고 하셨다. 예수는 원수 앞에서 자신의 가르침을 실천했다.

반복되는 질문인 "만약 누군가가 나의 아내를 강간하고 내 아이들 중 하나를 죽인다면 당신은 어떻게 할 것인가?"는 감정적으로 큰 힘이 없다. 그러나 만일 그리스도인이라면 무엇보다도 결정하기에 앞서 질문을 던져야 한다. 질문은 그러한 상황에서 "나는 예수를 나의 삶의 주인으로 여기는가?"라는 것이다. 만일 내가 예수에게 속해 있다면 공격자의 생명을 내 마음대로 할 수 없다.

그리스도가 나를 돕고 계시기 때문에 나는 그 공격자를 사랑하고, 축복하고, 그를 위해 기도하고 선의를 베풀어야만 한다. 이러한 순간에 이것을 행할 수 있는 창조적 방법을 모색하는 것은 결코 수동적인 태도가 아니다. 나는 성공하지 못할 수도 있다. 또한 두려움에 떨어 꼼짝하지 않고 그냥 서 있을 수 있다. 그러나 제자들은 성경에서 말하는 예수의 약속을 가지고 있다. 그것은 파스칼에 의해서도 반복된다. "그것이 일어난다면 나는 당신 안에서 그것을 행할 것입니다."

아마도 어떤 그리스도인은 "내 아내나 아이가 살해되려한다면 반드시 그것을 막기 위해서 그 사람을 죽일 것입니다"라고 말할지도 모른다. 그 사람은 진정 "그 상황에서는 예수를 나의 생명의 주로 생각하지 않고, 그러한 얽매임에 나를 가두어 둘 수 없다"라고 말하고 있는 것이다. 자칭 제자라는 그 사람은 미리 그리스도적 삶의 원리를 역행하고 있는 것이고, 그러한 사고방식은 이미 그리스도에게서 돌아선 것이다. 우리가 예수를 주로 여긴다면, 우리는 자신과 사랑하는 사람들을 보호해 줄 것이라는 생각으로 총을 소지하지 않을 것이다.

만일 남편, 아내, 그리고 다른 식구들이 예수의 평화적 삶의 방식에 헌신하고 있다면, 그들은 그러한 삶의 방식이 자신들에게 상처를 줄 수 있다는 사실을 공유하고 있다. 남편은 자신이 진정한 남자라고 여기기 위해서 아내를 위해 총을 사용할 준비가 되어 있을 필요가 없다. 나는 인디아나에 사는 젊은 한 자매님이 했던 말을 기억한다. "저는 내 아버지나 형제가 저를 보호하기 위해서 누군가를 살해하는 것을 원하지 않을 것입니다."

지역 교회 공동체는 이러한 예수의 삶의 방식에 헌신해야 한다. 그렇게 되면 교회 공동체 식구들은 세상의 폭력에 반대되는 입장에서 서로를 지지할 수 있다.

만일 내 소중한 누군가가 공격을 당한다면 나는 수동적으로 묵인하고 있을 수 없다. 나는 행동을 해야 한다. 그러나 사랑 가운데서 행동해야 한다. 어떤 상황에서는 그것이 공격자와 의도된 희생자 사이에 내가 끼어들어야 함을 의미할지도 모른다. 또 공격자를 저지하거나 심지어 무기를 빼앗는 물리적인 시도를 의미할 수도 있다.

나는 2차 대전 동안 양심적 반대자로서 정신 병원에서 대체 복무 Civilian Public Service, CPS를 했던 남자들과 이야기했었다. 그들은 비폭력주의에 헌신했다. 그러나 심각한 장애를 겪고 있는 환자가 칼을 쥐었을 때, 그들은 침대 매트리스를 사용하여 환자를 벽에 고정시켜 칼을 빼앗곤 했다. 그러한 물리적 제약은 사랑 안에서, 사랑의 분명한 표현으로서 가해진 것이다.

한 공격자를 살해하거나 살해하려고 시도하는 것은 사랑 안에서나 명확한 사랑의 표현에서 하는 것이 아니다. 기독교 비폭력에 헌신한 여자들은 여러 가지 선택의 가능성이 있다 할지라도 자기방어에 있어서 나름의 원칙대로 잘 처신할 수 있다.

가설의 영역에서 누군가가 예수의 어머니나 누이를 예수 곁에서 강간하려고 할 수 있었을 것이다. 예수는 필요하다면 그 공격자를 죽이려 했을까? 결코 그렇지 않다. 만일 그가 그러한 짓을 했다면 "죄 없으신 분"이 죄를 짓는 꼴이 되었을 것이다.

우리가 복음서에서 발견하듯 예수는 공격당하는 사람을 방어하기 위해서만 행동했다는 것이다. 그러나 그 공격자를 짓밟지는 않았다. 예수는 방어할 힘이 없는 여인의 생명이 위기에 처했을 때 그 현장에 있었다. 군중들은 겁에 질린 간음한 여인을 향해서 떨리는 손으로 돌을 던질 준비가 되어 있었다.요8:1-11

예수는 수수방관한 채 아무 것도 하지 않는 것이 아니다. 하지만, 그는 하늘에서 불이 떨어지게 하지도 않았고 제자들에게 주위의 돌을 주워 모으라고 명령하지도 않았다. 그는 여인의 목숨을 앗아가려고 하는 바리새인들의 충동을 멈추게 했다. 그는 전혀 다른 종류의 힘으로 그들의 살벌한 힘과 마주했다. 주님은 우리를 불러 이런 종류의 힘으로 폭력을 대할 수 있게 하신다.

한 가정이 공격받을 수 있는 상황에서 제기되는 질문을 보자. 만일 한 사람이 건장한 남자이고 무기를 사용할 수 있다면 그가 공격을 받는 사람들을 구할 수 있다는 것을 일반적으로 가정하고 있다. 그러나 그것은 나쁜 사람을 죽이는 좋은 사람의 전형적인 헐리우드식 영화의 한 장면이다. 그러나 실제 삶에서는 보통 공격자가 힘의 우위를 점하고 있고 그가 얼마나 충동적으로 폭력을 사용할지는 전혀 미지수이다.

한 연구에 따르면 가정을 보호하기 위해서 총을 사용할 경우가 총을 사용하지 않았을 때보다 가족들이 살해될 확률이 높다고 한다. 공격자를 멈추기 위해서 총을 사용하는 사람은 성공할 수도 있다. 그러나 성공하지 못하는 사례들도 많다. 사랑의 감정 때문에 폭력적인 공격을 중단시키려 한 사람은 성공할 수도 있지만, 또 꽤 자주 실패하기도 한다. 그러나 비폭력적 방어자는 실패하더라도 만유의 주재이신 분과 함께 실패한다. 적에 의해 극적으로 패배한 그 사람은 부활이라는 최상의 성공 속으로 이끌려 간다.

우리는 치명적인 공격에 의지함으로 큰 위험을 초래한다. 우리가 그러한 폭력을 거부하고 그리스도의 사랑을 실천하려고 애쓴다면 위험이 닥쳐올 수도 있다. 그러나 그리스도의 길을 저버리는 것은 가장 큰 위험이 된다.

나는 여관방에서 잠을 자고 있던 체코 부부의 이야기를 들었다. 아내는 깨어났고 어둠 속에서 칼을 든 사나이가 열린 창문으로 들어오는 것을 보았다. 그가 침대로 접근할 때, 그녀는 "당신은 우리를 죽일 수 있지만, 우선 제가 당신에게 커피 한 잔을 대접하겠습니다"라고 말했다. 남자는 제안을 수락했고 그가 하려고 했던 것을 그만두었다. 요점은 그 부인의 행동이 효과가 있었다는 것이 아니라 그것이 백번 옳았다는 것이다.

하지만, 사랑하는 사람이 공격당하는 문제에 대한 질문과 더불어 수십 년간 제기되어온 또 다른 질문은 "러시아인이라도 과연 그렇게 할 수 있을까?"라는 질문이다. 현재 국가의 적일뿐만 아니라 그들이 우리에게 끔찍한 일을 저지를지 모르는 사람들이라면 어떤가? 이 질문 뒤에는 국가가 적이 우리의 사랑하는 사람들을 해할 수 있다는 공포로부터 우리를 보호해 줄 수 있다는 가정이 있다. 따라서 우리는 나라를 지키고 보존하기 위해서 필요한 모든 것을 해야 한다는 가정이 깔려 있다.

기독교인들은 그런 식으로 국가에 최상의 중요성을 부여하는 모험을 해서는 안 된다. 그렇게 하는 것은 우상숭배다. 우리는 우리를 구원하시는 분으로서 하나님을 바라보아야 한다.

그러나 두 질문 중, 짝을 이루는 또 다른 하나는 사랑하는 사람들에 대한 염려라는 문제를 우리에게 들이댄다. 우리가 기독교인이라면 우리는 국가가 우리의 안전에 대한 주요한 보장이라고 가정할 수 없고 국가가 보존되어야 한다는 것 또한 가정할 수 없다. 그러나 우리에게 가장 가까운 사람들을 진정 사랑한다. 그리고 다른 사람도 역시 우리는 그들이 적대적인 사람들에 의해 죽임을 당하는 것을 원하지 않는다.

개인적인 공격에서 제자들은 공격자의 생명과 인격을 침해해서는 안 된다. 그러나 사랑이 동기가 되어 자유로이 상상력을 발휘하면서 그들은 방어를 위해 힘쓸 수 있다. 나라를 방어하는 문제에 있어서 제자들은 예수 안에 나타난 하나님의 계시를 거슬러서 치명적인 폭력에 호소하는 국가의 행동에 감히 동참해서는 안 된다.

그러나 제자들은 다른 나라에 의한 침입과 점령에 대항해서 비폭력적인 방어와 시민으로서의 방어에 비폭력적으로 가담할 준비가 되어 있다. 2차 대전에서 유럽의 그리스도인들은 나치에 대한 비폭력적 저항에 매우 적극적이었다. 그리고 그러한 행동 때문에 많은 사람이 생명을 잃었다.

우간다의 성공회 감독인 페스토 키벤게레Festo Kivengere는 이디 아민Idi Amin정권의 공포를 직접적으로 경험했다. 유배되었을 때 그는 "당신이 이디 아민의 사무실에서 손에 권총을 지닌 채 있다면, 당신은 어떻게 하시겠습니까?"라고 질문을 받았다. 그는 대답했다. "나는 그 권총을 아민에게 줄 것입니다. 그리고 '이것은 당신의 무기이고 나의 무기는 사랑입니다' 라고 말할 것입니다."

미국이 제 2차 세계대전에 참전하기 전에 조지 캐넌George Kennan: 미국의 외교관이자 역사학가은 외교관으로서 나치가 점령한 모든 유럽의 수도들을 방문했다. 그는 당시 전쟁의 결과가 어찌되었든 간에 나치는 이 국가들을 장악할 수 없을 것을 확신했다고 썼다. 그것은 매우 큰 임무였다. 그리고 그는 소련이 서유럽을 정복할지라도 결코 사람들은 굴복시키지 못할 것이라고 덧붙였다. 그들은 동유럽을 거의 장악할 수 없었다.

우리가 본대로 1989년 소련은 그들의 동유럽 위성국가들에 대한 통제권을 상실했다. 엄청난 사람들이 비폭력적으로 일어났다. 루마니아를 제외하고는 기독교인들과 교회들이 중심적 역할을 했다. 이 비폭력적 봉기에 의해서 억압적 정권들이 무너졌다.

1989년에 일어난 놀라운 사건들은 "히틀러라면 어떤가?"라는 다른 전형적인 질문과 매우 관련이 있다. 나는 몇 년 전에 이와 같은 경우를 아기를 안은 젊은 엄마에게 감동적으로 들은 적이 있다. "저는 제 자식이 공산치하에서 살기보다는 그가 죽기를 바랍니다." 그것은 "공산당이 되느니 죽는 것이 낫다"는 즉, '공산 통치 아래서 살기보다 핵전쟁에서 죽는 것이 낫다' 라는 것과 같은 말이었다.

그러나 역설적으로 공산 정권 아래서 살았던 체코인들, 헝가리인들, 그리고 폴란드인들은 자신의 나라와 세계의 대부분을 황폐화시켰을 핵전쟁 속에서보다는 더 나은 삶을 살아온 것만은 분명한 사실이다. 그리고 공산체제를 비폭력적으로 타도하는 것이 가능하도록 이러한 국민들 사이에서 용기와 의지가 일어날 때가 찾아왔다.

미국의 거대한 군사력과 그것이 지속적으로 의지하는 핵무기는 실제적으로 우리를 지키지 못한다. 그 모든 것은 우리를 전쟁이라는 엄청난 위험으로 몰아넣는다. 그리고 어떤 경우든 그것은 미국과 다른 나라들에서 막대한 사회적 손실, 심리적 강퍅, 그리고 비참함을 동반한다. 그리스도의 제자들도 자주 전쟁이라는 수단에 굴복하고 그것을 준비한다. 그러나 예수로부터 우리는 군사적 방식으로는 희망이 없으며 방어의 대상이 된 사람들을 진정 방어할 수 없다는 것을 알게 된다. 그것은 역시 실제적으로도 사실이다.

　조지 케넌George Kennan과 다른 몇몇 분석가들은 수십 년 동안 소련의 태도가 방어적이고 오히려 두려움에 가득 차 있었으며 세계를 장악하려는 방향이 아니었다는 것을 말하고 있다. 1989년에 우리가 보았듯이 소련정부는 동유럽에서 주도권을 잡기 위해서 군사적 개입의 대가를 치르지 않을 것을 결정했다. 분명히 소련은 미국을 정복하고 점령하려는 어떤 의도도, 실제적 역량도 없었다.

　우리에게는 그러한 정복을 막기 위한 연간 3000억 규모의 군사조직이 필요없다. 미국인들이 동독인들과 체코들이 했던 것처럼 비폭력적 저항으로 일어날 마음의 준비가 되었다면 어떠했겠는가 생각해 보라. 그렇게 되면 미국과 같은 큰 나라의 국민을 장악해서 유지하는 것이 불가능하다는 것을 알게 될 것이다.

　또 다른 표준적인 논평을 생각해 보자. "우리는 현실적이 되어야 한다." 실제 세계에서 우리는 싸우고 전쟁터에 나갈 준비가 되어 있어야 한다. 그러나 우리에게는 그리스도인들로서 예수 그리스도가 역사에서 중심적 실재이고, 그로부터 우리는 무엇이 실재적인지를 분별하고, 그에게 합당한 것이 무엇인지를 분간해 낸다. 그렇게 하면서 우리는 민족주의적 군사주의와 나라와 세계를 옭아매는 폭력의 그물로부터 벗어날 수 있다. 우리는 평화수호, 화해를 향해 창의적인 발걸음을 내딛고 우리가 사랑하는 사람들을 비폭력적으로 방어하는데 혼신의 힘을 기울여야 한다.

　폭력과 전쟁의 길은 큰 위험을 내포하고 있다. 예수의 사랑스럽고 비폭력적인 방식 역시 큰 위험을 포함하고 있다. 그러나 예수와 함께 우리는 비폭력의 위험을 마주하고 무릅써야 한다. 주님은 우리가 군인들에게 '아니!' 라고 말하도록 요청하신다. 그리고 모든 인류 가족을 향해 그의 사랑을 실천하라고 촉구하신다.

데일 아우커만이 쓴 이 글은 Manchester College의 Peace Studies Bulletin에 실린 것으로 허가를 받아 이 책에 수정하여 실었다. 데일 아우커만은 *Darkening Valley*(Scottdale, Pa.: Herald Press, 1989 reprint)과 *Dawn at Midnight: Terminal Politics and Messianic Hope*(New York: Crossroad and Continuum, 1993)의 저자이다.

3부, 과연 효과가 있을까?

1부에서 이미 지적했듯이 그리스도인은 비폭력적 태도가 늘 효과가 있어서 그런 태도를 보이는 것이 아니다. 그것이 그리스도의 주권에 복종하는 것이기 때문에 비폭력적인 것이다.

그러나 또한 우리는 실제적인 질문을 던질 수 있다. 그것이 정말 효과가 있을까? 답변은, 종종 '그렇다' 이다.

우리는 유순한 대답이 항상 분노를 누그러뜨린다고 확신하지는 않지만, 그것이 종종 효과가 있다는 것을 알고 있다. 최근에 일어난 여러 사건들은 그것을 확인시켜 주었다. 다음에 나오는 열 가지 사건들이 그것이다. 그리고 여기에 더 많은 이야기가 더해질 수 있다. 이 이야기들에 따르면 때때로 폭력에 호소하는 것보다 무저항의 방법이 오히려 갈등의 상황을 타개하는데 더 효과적이라는 것을 보여주고 있다.

무엇인가 그들을 꼼짝달싹 못하게 했다

톰 스키너 Tom Skinner

예수 그리스도가 내 인생에 들어온 순간 나는 어떤 눈부신 광채도 보지 못했다. 나는 어떤 천둥소리도 듣지 못했다. 단지 나는 하나님이 진정 하나님이라면 그는 거짓말을 하지 않기 때문에 하나님일 수 있다는 사실을 받아들였을 뿐이다. 예수 그리스도는 나의 삶에 자리를 잡으셨고 그때 이후로 줄곧 내 안에 살아 계신다.

어느 날 밤 나는 내 수하의 할렘가 깡패들과 마주했다. 그들은 129명의 건달로 손에는 칼과 총을 들고 있었고 그것을 사용하는데 주저하지 않을 이들이었다. 나는 그들에게 나의 삶을 그리스도에게 헌신했고 이 정신을 바탕으로 더는 갱단을 이끌 수 없다고 말했다.

내가 말하고 있는 동안 줄곧 내 안에서 어떤 것이 이렇게 이야기하는 것 같았다. "이봐 너는 바보야! 너는 여기서 살아나갈 수 없어!" 내 앞에 앉아있는 사람은 갱단의 제 2인자였다. 그의 별명은 "대걸래"Mop, '끝을 본다' 는 뜻의 흑인 속어—옮긴이주이었다. 왜냐하면, 그는 싸움에서 어떤 이의 피를 보고 그것을 밟지 않으면 절대 만족하지 않는 그런 사람이었기 때문이다.

나는 그가 일인자가 되기를 바란다는 것을 알고 있었다. 그리고 그가 나를 향해 그리스도에게 인생을 맡긴 것은 유약함의 표시라고 말할 것이라는 것도 알고 있었다. 그러나 나는 걸어 나갔다. 이 친구들 중 아무도 움직이지 않았다. 이틀 밤이 지난 다음 '대걸래'는 나를 구석으로 몰아넣고 말했다. "톰, 네가 걸어 나갔던 그날 밤에 나는 네 등에 칼을 꽂으려고 했어. 그런데 나는 움직일 수 없었어. 마치 어떤 사람이 나를 의자에 꼭 붙여놓은 것 같았어." 또, 그가 말하기를 다른 친구들도 그에게 같은 말을 했다는 것이다.

그때 나는 나 자신을 맡긴 그리스도가 1900년 전에 살았던 단지 가공의 인물이거나 우주 어디선가 떠도는 어두운 유령 그 이상의 존재라는 것을 알게 되었다. 그는 살아 실재하는 분이셨다.

나는 '대걸래'에게 그를 자리에 붙여놓으신 분이 누구인지 알고 싶으냐고 물었고 그는 말하기를 "그렇다"고 했다. 거리 한구석에 서서, 그 2인자는 머리를 숙이고 예수 그리스도를 그의 삶에 모셔 들였다.

여기서 이야기한 사건이 있기 전까지 **톰 스키너**Tom Skinner는 할렘의 갱단 두목이었다. 그의 단체 톰 스키너 운동(Tom Skinner Crusades)은 십 년 이상 미국의 주요한 흑인 복음전도 단체가 되었다. 이 글은 톰 스키너의 *Black and Free*이라는 책에서 Zondervan Publishing House(copyright 1968)의 허가로 발췌되었다.

눈 녹는 봄처럼

익명의 한 선교사

중국의 한 작은 마을에서 이 마일 떨어져 있는 버려진 미국 대학에 일본 군대가 접근했다. 홀로 건물을 지키는 미국 선교사 모건은 멀리서도 위협적으로 땅을 흔들며 퍼지는 대포 소리를 들을 수 있었다. 모건은 학교의 문에 서 있기로 결심했다. 그는 일본의 침략 때문에 학교를 서부로 옮기기 전까지 거기에서 가르쳤다.

길을 따라서 오는 그들은 더러웠으며 헝클어진 머리에 예민한 신경으로 완전히 초췌해진 상태였다. '이토록 지쳐 보이는 사람들을 본 적이 있었던가…' 선교사는 혼잣말을 했다. 그들은 소그룹의 선발대였다. 그들은 90미터 길을 따라서 터벅터벅 걸었을 것이다. 그리고 쪼그리고 앉아 대포를 세우며 길을 개척하고 있었다. 그들은 문 곁에 서 있는 사람에게 무관심한 채 지나갔다.

다음 날까지 근처 마을은 일본군의 사령부가 되었고 모건의 시련은 그때부터 시작되었다. 그가 예상한 대로 일본군 장교들은 대학 건물에 눈독을 들였다. 곧 일단의 장교들이 모건을 불렀고 열쇠를 요구했다.

그 선교사는 정중하면서도 단호하게 거절했다. 그 재산은 미국 선교부에 속하고 그것을 자신이 관리할 것을 위임받았기 때문에 마음대로 타인에게 넘겨줄 수 없다고 설명했다. 한 시간 반의 논의 끝에 선교사의 정중하고 상냥하며 단호한 태도 때문에 일본인들은 설득되었고 결국 그들은 떠났다.

불운하게도 그것은 끝이 아니었다. 2주에 한 번씩 주기적으로 그 마을의 주둔군이 바뀌었고 모건은 매번 각각의 새로운 군인들을 설득해야 했다. 그러는 동안 모건은 침착하게 친절함을 잃지 않으려고 온 힘을 기울였다.

그러나 그때 큰 위기가 닥쳤다. 이번에는 무엇인가가 일본인들을 흥분하게 했고 모건의 말을 듣지 못하게 하는 것 같았다. 모건은 곧장 긴장감이 도는 것을 느꼈다. 그는 혼자여서 일본인들이 마음만 먹으면 자신을 없애버릴 수 있다는 것을 생각할 수밖에 없었다. 그들을 대항해서 증언할 수 있는 어떤 '중립적'인 증인들도 없었다. 총알이 빗나가 선교사가 죽었다고 둘러대면 그만이었다.

그러나 그는 늘 그랬던 것처럼 그들을 우호적으로 반겼다. 그리고 늘 하던 대로 유감스러워하며 단호하게 건물의 열쇠에 대한 요청을 거부했다. 하지만, 이번에는 가장 정중하게 주장했으나 군인들을 더 격분시킬 따름이었다. 마지막으로 선발대의 지휘관은 최후통첩을 내렸다.

"열쇠를 건네주시오. 그렇지 않으면 당신을 쏘겠소!"

그는 딱 잘라 말했다.

선교사는 더 꼿꼿이 서 있었다.

"저는 당신에게 사정을 설명했소." 그는 조용히 대답했다.

"나는 당신에게 해를 입히고 싶지 않소. 그러나 당신이 요구하는 것을 들어줄 수 없으니 할 수 없군."

표정이 일그러진 장교는 세 명의 병사를 선교사 앞에 일렬로 세웠다.

"준비!"

그는 명령했다. 그리고 어깨에 소총을 부착했다. 그는 선교사에게 돌아섰다.

"열쇠를 주시오!"

"그럴 수 없습니다. 저는 당신에게 그럴 수 없다고 말했습니다. 저는 당신에게 전혀 감정이 없습니다. 저는 당신에게 전력을 기울여 우호적으로 대하려는 마음뿐 입니다. 하지만, 당신에게 열쇠를 줄 수는 없습니다."

모건은 군인의 감탄어린 눈빛을 볼 수 있었다. 그들은 무엇이 그로 하여금 죽음 앞에서 꼿꼿이 서서 웃을 수 있게 하는지는 몰랐지만 경탄과 당혹스런 경외감을 보였다.

후에 그는 말했다. "저는 전혀 두려움을 느끼지 않았습니다. 완전히 침착했습니다. 저의 유일한 기도는 나를 공격하는 사람들이 무기를 내려놓도록 할 정도의 사랑을 갖는 것이었습니다. 나는 그 장교뿐 아니라 그의 병사 모두에게 친근한 감정이 있으며 그들을 형제로 인정하면서 그들이 내게 잘못된 행동을 할 때에만 협조하지 않을 생각이었습니다.

저는 말뿐 아니라 눈빛으로도 그 감정을 표현하려고 노력했습니다.

"조준!"

다시 한 번 선교사를 돌아보았을 때 장교의 목소리가 더욱 거칠어졌다.

"당신의 마지막 기회입니다."

장교는 말했다.

"열쇠를 내놓으시오!"

침묵이 흘렀다. 모건은 그들을 마주 보고 총을 겨누고 서 있는 사람들을 곧장 바라보았다. 그는 그들에게 한 인간이 다른 한 인간에게 한 형제가 다른 형제에게 하듯이 말을 했다.

"저는 할 수 없습니다. 당신은 내가 그렇게 할 수 없다는 것을 알고 있습니다."

정적은 절대적이었다. 선교사는 그 사람들을 계속 바라보았다. 장교는 확신이 서지 않았고 병사들은 불편해졌다. 차례로 그들의 마음이 누그러졌다. 소총들은 내려졌고 은은한 웃음이 어두운 의지를 대체했다.

그러나 위험은 다 지나가지 않았다. 소총수 중 하나가 눈에 띄게 이 상황의 결과에 거리낌과 당혹스러움을 나타냈다. 그는 소총을 장전하고 모건을 바라보았다.

"아버지" 선교사는 기도했다. "조금 더 큰 사랑을. 제가 조금 더 큰 사랑을 보이게 해주십시오."

그 군인은 단호했다. 갑자기 그는 총검을 소총에 끼우고 전속력으로 선교사에게 달려들었다.

모건은 회상한다. "그는 곧장 힘겨워하며 나에게 걸어왔다. 마지막 순간 그의 총구가 바로 내 앞에 있을 때, 나는 슬쩍 피했다. 그는 빗나갔고 나는 그가 자신의 무게로 내게 기대게 했다. 그에게 다가가 내 오른손으로 그의 총구를 잡았다(나는 그 상황에서는 평화주의자라 하더라도 소총을 잡는 것이 용서받을 수 있다고 생각했다!). 왼손으로 그의 어깨를 잡았다(그리고 그것은 평화주의자로서는 상당히 꽉 잡은 것이었다). 그리고 내 품으로 그를 꽉 껴안았다. 내가 그보다 컸기 때문에 그는 나를 위로 바라보아야만 했다. 우리의 눈이 마주쳤을 때 그의 얼굴은 분노로 일그러졌다."

"우리의 시선은 고정되었고 몇 초간이었지만 아주 오랜 세월처럼 느껴졌다. 그러고 나서 나는 그를 향해 미소를 보냈고 그것은 얼었던 강을 녹이는 것과 같았고, 봄날의 눈이 녹는 것과 같았다. 증오는 사라졌고 어색한 순간이 지나가자 그는 나를 향해 미소를 보냈다!"

그것이 끝이었다. 몇 분이 지나서 군인들은 놀란 아이들처럼 선교사를 그들의 숙소로 데려가 모건에게 차를 대접했다.

이 경험을 말하는 미국 선교사는 화해 협회의 소속이고, 그의 저널 친교(Fellowship)에 이 이야기가 1945년 1월에 실렸다. 이 글은 허가를 받아 출판되었다.

당신 안에 하나님이 계신다고 말할 수 있다

글레디 아일워드 Gladys Aylward

"그 서류가 도대체 뭐죠?"

그녀는 루융첸에게 말했다.

"이건 야멘에서 온 공식 출석요구서입니다."

루융첸은 신경질적으로 말했다.

"교도소에서 폭동이 일어난 건 아시죠?"

글레디는 그 사건에 별로 관심이 없었다.

"아, 그랬나요?" 그녀는 시큰둥하게 말했다.

"루융찬, 당장 가주셔야겠습니다." 전령은 급하게 말했다.

"지금 당장이라고요?"

글레디는 루융찬을 응시했다.

"감옥에서 일어난 폭동이 우리와 무슨 상관이죠? 그 폭동이 내가 하는 전족 금지 운동과 무슨 관련이 있습니까?"글레디는 중국 북부 양쳉의 주지사로부터 어린 소녀들의 발이 자라지 못하도록 묶는 것(전족)을 금하는 법을 실행하도록 허가받았다

"지금 가야 합니다!" 다시 한 번 전령은 반복했다.

"이것은 공식 명령입니다."

전령은 초조한 나머지 발을 동동 굴렀다.

류용첸은 그녀를 불안한 눈초리로 바라보았다.

"그 공문서가 야멘에서 이곳에 오면 떠나야 합니다."

그의 목소리는 긴장감으로 떨렸다.

"자, 이제 당신이 가서 무슨 일인지 알아보시오." 글레디는 말했다.

"그것은 분명 남자가 해야 하는 일입니다. 나는 감옥에 대해서 전혀 모릅니다. 제 평생에 한 번도 감옥에 가 본 적이 없습니다. 저는 그들이 당신에게 어떤 일을 시킬지 몰라요."

그녀는 류용첸의 얼굴에서 선택의 여기자 없다는 것을 읽을 수 있었다.

"제발! 서둘러 주세요." 전령이 다그쳤다.

류용첸은 주저하면서 문쪽으로 전령을 따라갔다. 글레디는 그가 문에 이르러 그녀를 슬쩍 돌아보고 전령이 오른쪽으로 돌자 재빨리 몸을 왼쪽으로 피하는 것을 보았다. 그녀는 땅을 차면서 달려가는 류용첸의 다급한 발걸음 소리를 들었다.

얼마 되지 않아 전령은 그가 도망친 것을 알았다. 전령은 문 쪽으로 돌아가 "이럴 수가!"라며 분노로 주먹을 불끈 쥐었다. 약간 살이 찌고 별로 위엄도 없는 모습의 전령이 안마당을 가로 질러 글레디에게로 왔다.

"이제 **당신이** 가셔야 겠습니다." 그는 소리쳤다.

"이것은 공적 서한입니다. 당신을 데려오도록 명령받았습니다. 지금 나와 함께 **가야합니다!** 만약 거절하신다면 어려움을 겪게 될 것입니다!"

"좋소." 그녀는 부드럽게 말했다.

"가겠소. 류용첸에게 무슨 일이 일어났는지 모르지만, 그는 아프거나 아니면 다른 사정이 있었을 것이요. 그러나 감옥에서 폭동이 일어난 것과 내가 무슨 상관이 있는지 확실히 모르겠소."

그들은 서둘러서 길을 나서 교도소에 도착했다. 문 안쪽 몇 미터에 교도소의 밋밋한 벽이 큰길 옆에 서 있었다. 다른 쪽 벽에서 불길한 소음이 들려왔다. 그것은 비명, 고함소리, 그리고 아주 끔찍한 소리들이었다.

"이런." 글레디가 말했다.

"분명히 폭동이군요, 그렇죠?"

작은 키에 창백한 얼굴을 한 교도소장은 근심스러운 표정으로 그녀를 현관에서 맞이했다. 뒤에는 몇 명의 부하들이 있었다.

"당신이 여기 와 주셔서 기쁩니다." 소장은 글레디에게 서둘러 말했다.

"교도소에서 폭동이 일어났습니다. 죄수들이 서로 죽이고 있어요."

"저도 그렇게 들었습니다." 그녀는 말했다.

"그러나 제가 여기서 무슨 일을 할 수 있죠? 저는 한낱 여자 선교사일 뿐인데요." "왜 군인들이 폭동을 진압하지 않나요?"

"죄수들은 살인자, 강도, 도둑들입니다." 소장이 떨리는 목소리로 말했다.

"군인들은 두려워 떨고 있습니다. 그들로서도 역부족이니까요."

"유감이군요." 글레디가 말했다.

"그런데 당신은 제가 여기에서 무엇을 할 수 있다고 기대하십니까? 당신이 왜 저를 여기에 오라고 하셨는지조차도 알 수 없네요."

소장은 한 발짝 다가왔다. "당신이 안에 들어가서 폭동을 중단시켜야 합니다."

"제가 들어가야 한다고요…?" 글레디의 입이 딱 벌어졌다. 그녀의 눈은 놀라서 휘둥그레졌다.

"나… 나를 들여보내겠다고요! 당신 제정신인가요! 내가 들어가면 그들은 나를 죽일 거라고요!"

소장은 강한 최면을 거는 듯 그녀의 얼굴을 쳐다보았다. "그들이 당신을 어떻게 죽이겠어요? 모든 사람 앞에서 당신 안에 살아계신 하나님이 계시기 때문에 이곳에 왔다고 하지 않았습니까?"

소장은 입에서 거품을 쏟아내듯이 말했다. 그녀는 침을 삼켰을 때 목구멍이 막히는 것 같은 느낌이었다.

"사… 살아계신 하나님이라고요?" 그녀는 말을 더듬었다.

"당신은 도시 거리든 시골 마을이든 곳곳에서 그것을 설교했습니다. 만일 당신이 진실을 선포하고 있다면 그래서 당신의 하나님이 당신을 위험 속에서 보호한다면 이 폭동을 멈출 수 있지 않나요?"

글레디는 그를 빤히 쳐다보았다. 그녀의 마음은 이 소박하고 착각에 빠진 사람에게 그녀의 신념들을 설명할 몇 가지 사실을 찾아내려고 당황하며 뛰어다녔다. 그녀의 마음속 한구석에서 어떤가 신호가 왔다 가는 걸 느꼈다.

'그것은 진실이다! 당신은 당신을 위험에서 건지시는 하나님을 선포해왔다. 여기서 실패하면 당신은 양첸에서 끝난 것이다. 당신이 믿음을 저버리면 믿음을 영영 버리는 것이다!'

그것은 필사적인 도전이었다. 어떻게든 그녀는 자신의 체면을 유지해야 했다. 오, 이런 어리석고 순진한 사람들! 그러나 어떻게 교도소에 들어갈 수 있을까? 살인자들, 도둑들, 강도들이 저 벽 안에서 서로 죽이고 있다! 점점 더 커지는 소리들로 작은 인간 지옥이 펼쳐지고 있음을 알 수 있다. 어떻게 그녀가…?

그녀는 속으로 말했다.

"나는 해야 한다. 오! 하나님 저에게 힘을 주세요."

소장의 창백해진 얼굴을 바라보았다. 이제 그녀의 얼굴도 똑같이 창백해졌다.

"좋아요." 그녀는 말했다.

"교도소 문을 여세요. 그들에게 가겠습니다."

소장은 자신을 믿을 수 없어서 말을 아꼈다.

"열쇠!" 소장은 짧게 명령했다.

"열쇠, 빨리!"

그의 수하 사람 중 하나가 큼지막한 열쇠를 가지고 왔다. 그것은 세상에서 가장 깊고 어두운 지하 감옥 열쇠같이 보였다. 열쇠 구멍 안에서 열쇠 걸리는 소리가 크게 들렸다. 거대한 철 막대로 잠겼던 문이 열렸다. 말 그대로 그녀는 안쪽으로 밀려들어 갔다. 그녀를 칡흙같은 어둠에 남기고 그녀 뒤에서 문이 잠겼다. 열쇠가 돌아가는 소리가 유난히 크게 들렸다.

그녀는 끔찍한 소리 때문에 다들 정신나간 것처럼 보이는 발광한 범죄자들의 무리와 함께 교도소 속에 갇혔다. 이십여 미터의 터널이 그녀 앞에 놓였다. 터널 끝에는 뜰이 열리는 것 같았다. 그녀는 입구에서 움직이는 사람들을 볼 수 있었다. 떨리는 발걸음으로, 터널을 통해서 걸어갔다. 그리고 겁에 질려 갑자기 멈춰 섰다.

그 뜰은 대략 1.5 평방 미터 정도 되었고 네 방향에서 새장 같은 구조를 하고 있었다. 그 안에서 몸부림치는 필사적인 싸움이 계속되고 있었다. 몇 구의 신체가 넓은 돌판 위헤 펼쳐져 있었다. 분명히 죽은 것으로 보이는 한 사람이 그녀의 바로 앞에서 머리에서 피를 흘리며 쓰러져 있었다. 피는 곳곳에 뿌려져 있었다. 새장과 비슷한 구조물 안에서 작은 싸움이 계속되고 있었다.

모두 피 묻은 도끼를 휘두르는 한 죄수를 바라보고 있었다. 그녀가 상황을 응시하고 있을 때, 그는 갑자기 죄수들에게 달려갔다. 그러자 그들은 사각 모양의 홀 사방으로 거칠게 흩어졌다. 글레디는 이 끔찍한 주검에 소스라치게 놀라 서 있었다. 머리가 패인 상처를 입은 남자는 도끼에 맞은 것이 분명했다.

아무도 글레디를 주시하지 않았다. 그녀는 삼십 초 동안 처한 곤경을 어떻게 해결해야 할지는 생각도 못한 채 꼼짝 않고 서 있었다. 손에 도끼를 든 사람은 다시 뛰어다녔고 그때마다 사람들은 흩어졌다. 그는 한 사람을 표적으로 삼아 쫓아다녔다. 그러다가 그 사람은 글레디를 향해 달려와 멈추더니 고개를 숙였다. 도끼를 든 미친 사람은 그녀의 불과 몇 미터 앞에서 멈춰 섰다. 그녀는 자신이 본능적으로 어떤 계획도 없이 무엇을 하고 있는지도 깨닫지 못한 채로, 그를 향해서 단호하게 말했다.

"그 도끼를 이리 주세요."

그녀는 성난듯한 소리로 "그것을 당장 이리 주세요!"

그 사람은 그녀에게 시선을 돌렸다. 몇 초 동안 혈안이 된 야수의 눈으로 그녀를 바라보았다. 그는 앞으로 두 걸음 나아왔다. 그는 갑자기 부드럽게 도끼를 내려놓았다.

글레디는 그의 손에서 잽싸게 흉기를 받아 내려놓았다. 그녀는 도끼 날에 피가 묻어 있다는 것을 알고 있었고 그녀의 바지에 피가 묻을 것이라는 것도 알고 있었다. 다른 죄수들이―거기에 오륙십 명 정도의 죄수들이 있었음이 틀림없다― 사방에서 그 장면을 보고 있었다. 모든 행동은 이 한순간의 드라마와 함께 멈추었다. 글레디는 그녀의 심리적 우위를 십분 활용해 문제를 종결지어야 한다는 것을 알았다.

"여러분! 모두!"

글레디는 소리쳤다.

"여기로 오세요. 어서, 일렬로 서세요!"

그 목소리가 자신의 목소리인지 애매했지만 그녀는 그렇게 날카로운 소리를 들어본 적이 없었다. 그녀는 그들에게 소리쳤다. 이는 마치 군대의 아담한 하사관이나 초등학교 교장 선생님이 더러운 옷차림을 한 아이들을 나무라는 것처럼 보였다.

"즉시 줄로 가세요. 당신은 거기요! 이봐요, 이쪽으로 서세요!"

죄수들은 순종적으로 어기적거리며 그녀 앞에서 그룹을 지어 모였다. 그녀는 그들을 뚫어지게 바라보았다. 잠시 침묵이 흘렀다. 갑자기 그녀의 두려움은 사라졌다. 그 자리에서 그녀의 눈에 눈물을 쏟게 하고 마음을 크게 찌르는 동정심이 일어났다. 그들이 너무도 가련해졌다. 그들에게는 희망이 없었다. 비쩍 마른 수많은 얼굴, 날카로운 턱, 주름진 입술, 찌그러진 얼굴, 고통과 굶주림, 두려움과 절망어린 눈들이 그녀의 눈에 들어왔다.

그들은 인류의 잉여물들이었다. 누더기를 입고 먼지를 뒤집어쓰고 이가 득실거리는, 인간이라기보다는 동물에 가까웠다. 그들을 둘러싼 새장은 짐승들을 위한 것이었다. 그녀는 인간이 그렇게도 비참해 질 수 있다는 것에 대해서 대놓고 울고 있었다. 정신을 차리고 그녀는 입술을 깨문 채 다시 명령을 내렸다. 두려움은 사라졌다. 그렇다. 그러나 그녀는 자기 권위로 그들의 기선을 제압해야 한다고 생각했다.

"여러분은 스스로 부끄럽지 않나요!"

그녀는 말했다. 그것은 마치 버릇없는 아이들을 질책하는 어머니와 같았다.

"이 소음과 난잡함을 좀 보세요!"

그녀는 흉기를 들고 싸운 뒤에 남은 시체들과 피를 가리켰다.

"소장은 나를 보내 무슨 일이 일어났는지를 알아보라고 했소. 지금 당신들이 이 뜰을 정돈하고 앞으로 올바르게 행동한다고 약속한다면 나는 그에게 이 일을 묵인해달라고 부탁할 것이오."

그녀는 죽은 사람들의 시신에서 눈을 멀리하려고 애썼다. 그리고 절망적인 폭력이 사라질 때까지 그들에게 집중했다.

"도대체 당신들의 고충이 무엇입니까?" 그녀는 딱 부러지게 말했다.

"왜 당신들은 이런 싸움을 시작했습니까?"

대답이 없었다. 몇몇은 부끄러워 고개를 떨궜다.

"그렇다면, 저는 당신들이 대변인을 임명하기를 바랍니다." 그녀는 계속했다.

"그는 문제가 무엇인지 말할 수 있을 것입니다. 그러고 나서 당장 이 뜰 청소를 시작합시다. 이제 저쪽으로 가서 당신의 대변인을 선임하세요. 나는 여기에서 기다리겠습니다."

죄수들은 그녀가 지정한 쪽으로 몰려가서 의논했다. 몇 분 후에 상대적으로 더 좋은 외양을 가진 한 사람이 다가왔다. 다른 사람들처럼, 그도 누더기를 입고 있었다.

"펭이라고 합니다"라고 그는 말했다.

"제가 저들의 대변인입니다."

그들이 누더기로 자신들의 피를 닦고 시체들을 눈에 띄지 않는 곳으로 옮기는 동안 글레디는 펭의 이야기를 들었다. 나중에 그녀는 그가 불교 승려였다는 사실을 알게 되었다. 펭은 어느 절에서 절도했기 때문에 절도범으로 8년 동안 갇혔다. 그가 설명하기를 누구도 왜, 또는 어떻게 폭동이 일어났는지를 알지 못한다는 것이었다. 펭은 글레디가 아직 쥐고 있는 도끼를 가리키며 말했다. 매일 한 시간 동안 그들의 음식을 자르기 위해서 도끼가 주어졌던 것이었다. 어떤 이는 자신의 소유물 때문에 어떤 이들은 정확한 이유 없이 싸움에 가담했다. 분노가 화산처럼 폭발해 용암이 사방에 넘쳐흘렀다.

그는 이 이상한 사건을 설명할 수 없었다. 아마도 많은 사람이 그곳에서 오랜 시간을 보냈기 때문일 것이라고 그는 말했다. 그녀도 알고 있듯이 친구들이나 친척들이 음식을 보내지 않으면 그들은 굶어 죽어야 했다. 다른 사람들이 음식을 먹고 있는데 벽에 기대어 굶어 죽을 수는 없는 일이었다.

때때로 그들은 죄수 중 한 명을 광장에 세워 놓고 처형했다. 그 공포가 많은 사람의 머리를 짓눌렀다. 그는 폭동에 대해서 설명할 수 없었다. 교도소의 담은 높았고 문은 튼튼했다. 그들은 결코 바깥세상이나 여자, 산, 무성한 나무, 또는 친절한 얼굴을 볼 수 없었다. 때때로 너무 억압된 사람이 폭발하기에 이르렀다. 그것이 바로 그날 일어난 사건이라고 생각했다. 그들은 모두 유감스러워했다.

"펭, 당신은 여기서 온종일 뭘 하죠?"

"뭘 하냐고요? 아무것도 할 것이 없습니다."

"아무것도 할 것이 없다고요?"

"네, 아무것도요."

"그러나 사람은 무엇인가를 해야 합니다. 소장이 이점에 대해서 어떤 생각이 있는지 알아보죠."

그때 소장이 그녀의 뒤에 있었다. 그 순간 그녀는 터널 반대 쪽에 있는 작은 구멍을 통해서 소장과 수행원들이 안에서 일어나는 일을 다 듣고 있었다는 것을 알 수 있었다. 소장은 폭동 소리가 잠잠해지자 들어가 평화조약을 체결하는 것이 안전하다고 여겼던 것이다.

소장은 글레디에게 고개를 숙였다.

"참 잘해내셨습니다." 그는 고마워하며 말했다.

"글래디, 우리 모두 당신에게 감사 드립니다."

"이것은 참으로 부끄러운 일입니다." 그녀는 씁쓸하게 말했다.

"이 사람들은 하루하루 아무것도 하지 않고 갇혀 있었다니요!"

"저는 이해할 수 없습니다."

그의 당황함은 오히려 터무니없는 것이었다.

그러나 글레디는 소장이 감사함을 느낀 것을 알고 그녀의 주장을 밀어붙였다.

"그들이 일 년 내내 할 일이 없었다면 폭동이 일어나는 건 당연한 일입니다. 소장님은 죄수을 위해서 일거리를 찾아주셔야 합니다."

소장은 여전히 완전히 당황하고 있었다.

"할 일이라고요?"

그녀는 반복했다.

"그들은 일해야 합니다. 그들에게 베틀을 사주어서 옷을 해 입도록 해야 합니다. 어떤 일이든 그들에게 맡겨서 적은 돈이라도 벌고 음식을 사게 해서 조금이나마 그들의 자존감을 회복시켜야 합니다."

속으로 어쨌는지 모르겠지만, 소장은 고개는 끄덕였다.

"이 문제는 저희가 나중에 논의하도록 하겠습니다." 그는 상냥하게 말했다.

"저는 그들에게 처벌은 없을 것이라고 약속했습니다." 그녀는 말했다.

소장은 다시 고개를 끄덕였다. 몇 구의 시신들은 중국의 형벌체계에서 거의 문제 대상이 되지 않았기 때문이다.

"이런 일이 다시 반복되지 않는다면 우리는 모든 것을 묻어버리겠습니다." 그는 말했다.

"좋아요." 글레디는 말했다.

그녀는 펭에게 돌아서며, "저는 지금 가지만, 돌아올 것입니다. 제가 당신을 도울 수 있는 모든 것을 할 것을 약속하지요."

그녀는 절도범인 펭의 눈에서 눈물이 흘러나오는 것을 보았다.

"감사합니다"라고 그녀는 말했다.

"감사합니다. 아이-웨-데 "

그녀는 당시 '아이-웨-데' 가 무슨 뜻인지 몰랐다.

그날 저녁 그녀는 류웅첸에게 물었다.

"아이-웨-데가 뭐죠?"

"그것은 덕망 있는 사람을 뜻합니다."

중국에서 머무른 기간에 그녀는 '아이-웨-데' 로 불렸다.

화해의 기술

테리 돕슨 Terry Dobson

나른한 봄날 오후 기차는 도쿄의 외곽에서 덜컥거리며 움직이고 있었다. 우리 차는 비교적 한적했다. 장난감을 쥔 아이들과 동행한 몇 부인들, 쇼핑을 하러 가는 노인들뿐이었다. 나는 무심코 단조로운 집들과 황량한 관목림을 바라보고 있었다. 이윽고 한 역에서 문이 열리자 갑자기 평온하던 오후는 격렬하고 이해할 수 없는 저주를 퍼붓는 한 남자에 의해서 흔들렸다. 그 남자는 우리가 탄 차량으로 어슬렁거리며 들어왔다. 제법 덩치가 큰 그는 노동자의 옷차림을 하고 있었으며, 만취한 상태인 데다가 더럽기까지 했다. 그는 소리를 지르며 아기를 안고 있는 한 여자를 흔들었다. 그 타격으로 그녀는 늙은 부부의 무릎에 굴러 떨어졌다.

놀란 부부는 차량 반대편 끝으로 뛰어갔다. 그는 돌아서는 늙은 부인의 등에 발길질을 하려고 했으나 그녀가 황급히 안전한 쪽으로 피했기 때문에 허사였다. 이에 그 술 취한 사람은 화가 나 차량 중앙에 있는 금속 봉을 쥐고 그것을 비틀어 빼내려고 했다. 나는 그의 한 손이 베어서 피가 나는 것을 보았다. 기차는 달리고 있었고 여객들은 두려움에 얼어붙었다. 나는 거기에 서 있었다.

나는 당시 20세 정도의 젊은이였고 상당히 좋은 외모의 소유자였다. 그리고 지난 3년간 매일 8시간씩 합기도 훈련으로 보내고 있었다. 나는 달려들어 싸움하고 싶었다. 나는 스스로 제법 거칠다고 생각했다. 싸움과 나의 무술실력은 실전에서 써본 적이 없다. 우리는 합기도 훈련생으로서 싸움이 허용되지 않았다.

내 스승은 누차 말씀하시기를 "합기도는 화해의 기술이다. 싸움을 하려고 마음을 먹은 사람은 우주와의 관계를 끊어버린 사람이다. 만일 당신이 사람들을 지배하려고 한다면 당신은 이미 패배한 사람이다. 우리는 갈등을 시작하는 것이 아니라 갈등을 해결하려는 것을 공부하고 있다"라고 하셨다.

나는 그 말씀을 귀담아 듣고서 열심히 훈련했다. 나는 역 근처에서 어슬렁거리는 깡패들을 피하고자 도로를 횡단하기조차 했다. 나의 인내심이 나를 의기양양하게 했다. 그리고 나는 스스로 강한 존재라고 느꼈다. 그러나 내 마음속에는 범인을 짓밟음으로써 무고한 자를 구할 수 있는 전적으로 합법적인 기회를 원하고 있었다.

바로 이때다! 나는 내 발을 바라보며 속으로 말했다. 사람들이 위험에 처해있다. 내가 바르게 대처하지 않으면 혹 어떤 사람이 해를 입을지도 모른다.

내가 서 있는 것을 본 그 술 취한 젊은이는 그의 분노를 쏟을 기회를 잡았다. "아하! 외국인이시군! 당신은 일본의 법도를 배울 필요가 있겠군!"하고 소리쳤다. 나는 멀찍이 승객용 손잡이를 가볍게 쥐고 그에게 역겨움과 멸시의 시선을 천천히 보냈다. 나는 이 녀석을 잡아 던지려는 생각을 품었지만, 그가 먼저 선수를 쳤다. 나는 그가 미쳤기를 바랐다. 그래서 나는 입을 꽉 물고 거만하게 행동했다.

"좋아. 너는 교훈을 얻게 되겠군." 그는 스스로 성급하게 나에게 밀착했다.

그가 움직이기 바로 직전에 어떤 이가 "이봐!"라고 불렀다. 그 소리에 귀가 째지는 것 같았다. 나는 그 이상하게도 즐겁고 유쾌한 음색을 기억한다. 그것은 마치 한 친구가 누군가를 찾고자 하는 것과 같았고, 그는 갑자기 그 소리에 넘어질 것 같았다. "이봐!"

나는 왼쪽으로 그는 오른쪽으로 돌아보았다. 우리 둘은 한 작은 늙은 일본인을 내려다보았다. 그는 틀림없이 70대에 접어든 것 같았다. 이 작은 신사는 기모노를 입고 말쑥한 모습으로 앉아있었다. 노인은 나를 보지 않았지만, 그 노동자에게 환한 미소를 보냈다. 노인은 그와 나눌 가장 중요하고 즐거운 비밀을 지닌 것만 같았다.

"이리 와요." 노인은 쉬운 방언으로 술 취한 젊은이에게 손짓하며 말했다. "이리 와요, 나와 얘기 좀 합시다." 그는 자기 손을 가볍게 흔들었다. 그 젊은이는 끌려가는 듯 순종했다. 그는 그 신사 앞에서 싸움하려는 듯이 자세를 취했다. 그리고 철컥거리는 기차 바퀴 위에서 으르렁거렸다. "제기랄, 내가 왜 당신과 이야기를 해야 하나요?" 이제 그 술 취한 사람은 내게 등을 돌리고 있었다. 만일 그의 팔꿈치가 한 치라도 움직인다면 그에게 한 방 먹일 생각이었다. 그 노인은 계속해서 그 노동자에게 미소를 보냈다.

"왜 술을 마셨나?" 그는 관심 있는 눈으로 그에게 물었다.

"그저 마시기 위해서 마셨지. 그런데 그게 당신과 무슨 상관이야!" 그는 고함을 지르며 말했다. 침방울이 노인의 얼굴에 튀었다.

노인은 말했다. "오, 그거 멋지군. 정말 멋져! 당신도 알다시피 나도 역시 정종을 좋아해. 매일 밤 나와 76살인 내 아내는 작은 정종 한 병을

데워서 정원으로 나가 오래된 나무 의자에 앉지. 그리고는 해가 지는 것을 보고 우리 감나무가 잘 자라는지 보지. 내 증조부께서 그 나무를 심으셨어. 우리는 지난 겨울 이 나무가 한파에 견딜 수 있는지 걱정했지. 땅의 상태를 고려할 때 우리 나무는 기대했던 것보다 더 잘 버텼어. 우리가 청주를 들면서 저녁 시간을 즐길 때 심지어 비가 내릴 때조차도 우리는 정원을 보면서 흡족한 마음이 들지.” 그는 빛나는 눈으로 그 노동자를 올려다보았다.

노인의 이야기를 힘겹게 따라가면서, 주정꾼의 얼굴은 누그러지기 시작했다. 그는 쥐었던 주먹을 서서히 풀었다. “그래요, 나도 감을 좋아해요.” 그의 목소리는 늘어졌다.

노인은 웃으며 말했다. “그래요. 그리고 당신에게는 틀림없이 멋진 아내가 있겠군요.”

“아니요. 내 아내는 죽었소.” 그 노동자는 대답했다. 매우 부드럽게 기차의 움직임과 함께 몸을 가볍게 떨면서, 그 거구의 남자는 흐느껴 울기 시작했다. “나는 아내도 집도 직장도 없어요. 나는 나 자신이 부끄러워요.” 눈물이 그의 뺨을 타고 내려 흘렀다. 절망의 한숨으로 온몸 전체가 흔들렸다.

이제는 내 차례였다. 거기에서 민주적 세상을 위한다는 의로움으로 마치 순진한 사람인 양 서 있던 나는 갑자기 그 사람보다 더 더럽다고 느끼게 되었다.

그리고 기차는 내가 내릴 정류장에 도착했다. 문이 열리자 나는 그 노인이 연민으로 흐느껴 우는 소리를 들었다. 노인은 말했다. “이런, 당신은 정말 어려움에 빠졌군요. 여기 앉아서 나에게 말해 봐요.”

나는 마지막으로 그 모습을 보려고 머리를 돌렸다. 그 노동자는 의자에 몸을 뻗고 그의 머리를 노인의 머리에 기대었다. 그 노인은 더럽고 헝클어진 머리를 쓰다듬었다.

기차가 멀리 떠나자 나는 벤치에 앉았다. 내가 완력으로 해결하고자 했던 것이 몇 마디 친절한 말로 해결되었다. 나는 합기도가 싸움에서 사용되는 것을 보았다. 그리고 그것의 본질은 사랑이었다. 나는 전혀 다른 정신으로 그 기술을 실행할 것이다. 갈등이 어떻게 해결되었는지를 말하는 데 시간이 오래 걸릴 것이다.

이 글은 「리더스다이제스트」 1981년 12월호에 "부드러운 해답"A Soft Answer라는 제목으로 실렸다. 리더스 다이제스트사의 허가로 수록했다.

때론 신뢰가 문제를 해결한다.

도로시. T. 사무엘 Dorothy T. Samuel

1972년 그저 평범해 보이는 두 젊은 여성이 필라델피아에서 어느 날 밤 집 임대료를 내려고 걷고 있었다. 그들은 가방도 지갑도 몸에 지니고 있지 않았다. 임대료를 낸 그들은 돈 한 푼 없이 집으로 가고 있었다. 그러나 어둡고 텅 빈 거리에서 그들은 갑자기 한 사람의 목에 칼을 대고 위협하는 건장한 젊은이와 마주쳤다.

"나는 돈이 필요해! 돈이 필요해!"

오늘 거리에서 일어난 일이었다. 이 굶주린 마약 중독자는 '마약 주사'를 얻기 위해서 필사적으로 위협적인 행동을 하고 있었다. 두 여자가 접근하다 슬쩍 물러나자 그는 경찰이 사이렌을 울리며 경광등을 켜고 권총을 손에 쥐고 그를 덮치려 하는 것처럼 느꼈다. 그 권총강도는 부자처럼 보이는 사람들을 찾아 이리저리 옮겨 다니는 그런 류의 강도가 아니었다.

두 여자는 어떻게 해야 하는가? 그들이 도망간다면 한 사람은 위험에서 벗어날 수 있지만, 인질로 있는 사람은 칼에 찔려 쓰러질 것이다.

"나도 이런 짓을 하고 싶지 않아." 마약 중독자가 말했다.

"나는 사람들을 해하고 싶지 않아. 그러나 때론 이렇게 할 수밖에 없어!"

그는 더 가까이 칼로 위협했다.

"그리고 내가 그렇게 해야 한다면 지금 해야만 해. 만일 내가 돈을 얻지 못한다면 누군가가 해를 입게 될 거야."

"우리는 돈이 없어요!"

"나는 돈이 필요해!"

그들은 그에게 여러 가지 대안을 생각해 내려고 했다. 상대편은 결코 그런 생각을 하지 못할 것이다.

"만일 내게 돈을 주지 않는다면 당신은 해를 입게 될 거야."

칼이 턱에 바싹 들려진 채 위협받고 있는 사람이 말했다. "이봐요, 당신은 나와 같이 여기에 있고 메리가 아파트에 들어가서 돈을 가져오게 하세요!."

"틀림없이 그녀는 경찰을 부를 거야!"

"아니에요. 그녀는 경찰에 신고하지 않을 거예요. 정말 그녀는 그렇게 하지 않을 거예요. 내가 여기에 인질로 있잖아요. 그녀는 내가 여기 있는 동안은 경찰을 부르지 않을 거예요."

아직 거리에는 아무도 없었다. 이들 사이에 작은 드라마가 펼쳐지고 있었다. 칼은 빛을 피하기 위해 감추어져 있었다. 이때 이상한 깨달음이 젊은 여자들에게 찾아왔다. 마약중독자가 강도짓을 하고 싶어서 하는 것이 아니다. 그는 정말 불쌍한 사람이었다. 그는 역시 이성을 잃고 있었고, 사실 그들보다 더 겁에 질려 있었다.

"이봐요, 당신은 우리와 함께 갈 수 있어요. 내 아파트에 돈이 조금 있어요. 우리와 함께 가요."

"아니야! 당신 남편이 거기에 있을 거야. 몇 사람이 거기에 있을 거라고.” 떨리는 칼의 위협이 계속되었다.

“거기에는 아무도 없어요. 정말입니다. 아파트는 비어 있어요. 봐요, 우리를 믿어요. 우리가 당신에게 돈을 줄께요.”

“당신은 경찰을 부를 거잖아.”

“우리를 믿어요. 우리 같이 가요.”

“그것은 속임수야.”

“속임수가 아니에요.”

그의 마음이 약해지고 있었을까? 그의 처지는 그들의 처지보다 더 보잘 것 없었다. 그들은 단지 거리에서 그에게 줄 돈이 없었던 것이다. 있는 힘껏 고함을 질렀지만 그는 원하는 것을 그들에게서 얻을 수 없었다. 그들을 해하는 것은 사실 도움이 되지 않을 것이다. 그는 정말 불가능한 상황 속에 있었다. 그리고 그 지긋지긋한 헛수고가 그에게 미칠 것만 같은 절망감을 더해 주었다.

“이봐요, 우리를 믿어요.” 그녀는 그에게 인격 대 인격으로 직접적으로 말을 했다. 그녀는 한 인간이 다른 인간을 대하듯 그를 바라보았다. “나는 저 쪽에서 살아요. 아파트로 따라오세요.”

그는 떨고 있었다.

“거기에는 아무도 없어요. 나를 믿어요. 어서요.”

천천히 칼을 쥐고 그는 어두운 거리를 따라서 움직이기 시작했다. 그 젊은 여자는 작게 말했다.

현관문에서 그는 칼로 그녀를 밀었다.

“바로 위층이에요. 거기에는 아무도 없어요. 우리를 믿어요.”

집안으로 들어가 위층으로 올라갔다. 열쇠는 잠겨 있었다. 그리고 다른 젊은 여자는 그녀의 아파트로 들어가 지갑을 뒤지는 동안 그 남자는 다른 여자를 칼로 위협하고 있었다. 10달러짜리 지폐가 그녀가 가진 돈 전부였다. 그녀는 문 쪽으로 돌아가서 그 돈을 그에게 내밀었다.

"그것이 당신이 가진 돈 전부요?"

갑자기 마음이 내려앉았다. 그들을 곤경에서 탈출시킬 수 있을 듯이 보였던 신뢰를 보여주고 나서 그는 더 많은 돈을 요구하려 했을까? 그녀는 더는 가진 것이 없었다. 그리고 그녀의 아파트 문은 열려 있었다.

"그게 다에요. 그게 진짜 전부라고요."

"그러나 나는 5달러만 필요해요. 나는 잔돈이 없어요."

"그냥 가지세요. 가져요. 괜찮아요."

"그래도 5달러만 필요해요." 그의 손과 목소리가 떨리고 있었다.

"괜찮아요. 가지세요. 가져요."

그는 지폐를 내려다보았고 다시 젊은 여자의 눈을 들여다보았다.

"잘 가요, 이제 가세요." 여자가 말했다.

그는 미끄러지듯이 밤 속으로 걸어 나갔다.

도로시 사무엘 Dorothy T. Samuel은 볼티모어의 WBAL TV의 논평가이자 볼티모어 공립학교 영어 과목 위원회의 위원이며 기독교 비폭력주의의 옹호자이다. 이 발췌문은 그녀의 책 *Safe Passage on City Street*(copyright© 1975)에서 각색되었다. Abingdon 출판사의 허가로 수록하였다.

적을 환영하기

사라 코르슨 Sarah Corson

한 밤중이었다. 잠을 자기 전에 나는 15살 된 아들이 자는 베란다로 걸어 나갔다. 나는 남미의 가장 가까운 도시로부터 320km 떨어진 정글에서 3개월간의 과제 수행을 위해 나의 두 아들을 포함한 17명의 팀원을 인도하고 있었다. 4년 전에 나와 내 남편은 이 마을에 오게 되었다. 마을 사람들이 교회를 시작하고, 물고기 부화장을 건설하고, 사람들의 기본적 필요를 충족시키기 위해서 적절한 기술을 개발하도록 요청받았기 때문이다. 교회와 기술센터가 설립되고 나서 우리는 다른 나라에서 사역하기 위해 이주하게 되었다. 여름에 이 마을은 식물성 단백질과 관계된 프로젝트를 실험하도록 우리에게 돌아와 달라고 요청했다.

우리가 초대 요청을 받았을 때 남편은 이미 그 여름에 하이티섬에서 하나의 프로젝트에 힘쓰고 있을 때였다. 우리는 이 두 가지 프로젝트를 위해서 석 달간 따로 떨어져 지내기로 했다. 내 남편은 14살 된 카렌을 데리고 하이티로, 나는 15살 된 토미와 16살 된 케시를 데리고 가기로 했다. 그리고 19살인 크리스는 알라바마에 있는 우리의 본부에 남겨두어 이런저런 일을 돌보도록 했다.

베란다 위의 공기는 차갑게 느껴졌다. 그래서 나는 토미의 코트 위에 담요를 덮었다. 나는 우리 마을에 더 많은 식량을 공급할 희망이 되는 양어장을 바라보았다. 달빛은 물을 가로질러서 흔들리는 하얀 물길을 만들어 내었다.

갑자기 쿵쾅하는 소리를 들었다. 급하게 돌아섰을 때, 나는 군인 한 명이 우리의 물탱크 쪽으로 슬그머니 들어가는 것을 목격했다. 내가 우리 집과 정글을 가르는 빈터를 넘어 살펴보았을 때, 나는 놀라 마비가 될 지경이었다. 대략 30명의 군인이 우리 집으로 돌진하고 있었다.

이 나라는 국가 관례상 흔하지 않은 선거를 시행했으나 군부가 결과에 승복하지 않았다. 불과 일주일 전에 대통령을 추방하고, 실제적인 가공의 저항세력을 억압했다. 우리는 도시에서 먼 지역에 살고 있었기 때문에, 싸움의 여파가 우리에게 미칠 줄은 몰랐다.

군인들이 우리 집을 에워싸는 것을 보면서 두려움에 온몸이 얼어붙은 채로 거기에 서 있었다. 그날 이웃 여자가 전해준 말이 뇌리 속에 스치고 지나갔다.

"자매님, 당신의 팀이 집 안에 머물도록 하세요"라고 그녀는 촉구했었다. "저는 방금 군대진영 근처 가게에서 오는 길이에요. 미국인들이 그들의 집권에 대한 반발에 책임이 있다고 두 명의 군인들이 이야기하는 것을 들었어요. 그들은 이 지역에서 모든 미국인을 박멸하기 전에는 그들이 안정되지 않을 거라고 말했어요."

우리는 이 나라에서 정치적 활동에 개입하지 않았기 때문에 그녀가 뭔가 오해하고 있다고 생각했다. 우리가 그러한 정치저항에 가담하고 있다고 의심을 받을 것 같지는 않았다. 그러나 이제 그 이웃 여자의 경고가 내 눈앞에서 현실화되고 있었다. 군인들은 우리를 위협하려는 것이 목적이었다. 만일 그들이 우리를 죽이려고 했다면 우리는 피할 길이 전혀 없었을 것이다.

내 심장은 가쁘게 뛰고 있었으며 혈관이 터질 것만 같았다. 나는 곧 총을 한 방 맞을 것처럼 생각했다. 집안에 있는 팀원들을 책임지고 있었지만 그렇다고 그들을 불러낼 수도 없었다. 나는 두려움 때문에 마비된 상태였다.

군인들이 나를 발견하기 전에 아주 잠시 동안이라도 기도해야 했다.

"하나님, 내가 만일 죽어야 한다면 내 가족을 돌봐주십시오. 그리고 하나님, 이 두려움을 없애 주십시오. 저는 두려움 속에서 죽고 싶지 않습니다. 제발 당신을 신뢰하는 가운데 죽도록 해 주십시오."

나는 갑자기 하나님의 임재하심을 의식하게 되었다.

우리는 항상 하나님을 느끼는 것은 아니다. 보통 우리는 믿음으로 하나님을 신뢰한다. 그러나 그 순간에는 하나님의 임재가 정말 실재적이었고 마치 만질 수 있을 것 같았다. 여전히 나는 곧 죽을 것으로 생각했지만 하나님이 모든 것을 주관하신다는 것을 알고 있었다. 그 당시 나는 우리가 죽는다면 살아 있는 동안 성취하지 못한 일들을 성취하게 할 거라는 생각이 들었다.

나는 가장 가까이 있는 군인에게 다가가 전혀 생각지도 못했던 말을 하는 자신을 발견했다.

"환영합니다. 형제." 나는 그를 불러냈다.

"들어오세요. 우리 집에 방문하시는 데 총은 필요하지 않습니다."

그 말에 군인은 펄쩍 뛰어 그가 장전했던 총알을 떨어뜨렸다. 그리고 소리쳤다. "제가 아니에요. 나는 그저 명령에 따를 뿐입니다. 저기에 지휘관이 있어요. 그가 바로 그 사람입니다."

나는 목소리를 높여 거듭 말했다.

“당신들 모두 환영합니다. 우리 집에 오는 모든 사람을 환영합니다.”

그러자 그 지휘관은 나에게 달려왔다. 총구를 내 배에 대고 나를 밀어 문으로 밀어 넣었다. 삼십 명의 군인들이 집안으로 몰려 들어와 선반 위의 모든 것을 밀어뜨리고 서랍을 뒤져 총이 있는지 수색했다. 팀원들은 떼 지어 부엌으로 몰려 갔다. 그들은 거기서 우리가 불빛으로 사용하는 두 개의 촛불 아래에 조용히 앉았다.

공격을 지휘한 그 군인이 나에게 총을 겨누고 화를 내며 질문했다.

“당신 미국인들이 여기서 하는 일이 우리의 혁명을 중단시키려는 짓이 아니오? 정치적 동기가 아니라면 17명의 미국인이 이 빈곤 속에서 살려고 할 리가 없소?”

“선생님.” 나는 진심으로 말했다.

“우리는 당신들의 혁명과 아무런 상관이 없습니다. 우리는 여기에 두 가지 이유로 있는 것입니다. 가난한 자들이 자립할 수 있도록 돕는 프로젝트를 진행 중이고 성경을 가르치고 있습니다.”

“그 성경은 내게 아무런 의미도 없소.” 그가 대답했다.

“내 평생 성경을 읽어본 적이 없소. 아마도 그것은 공산주의 책일 것이요. 모든 이가 그 사실을 알고 있소.”

“평생에 성경을 읽어본 적이 없다고요? 오, 정말 죄송합니다. 당신은 일생 최고의 한 부분을 잃어버리셨군요. 당신에게 성경이 뭐라고 말하는 지 말해도 될까요?”

그는 반대하지 않았다. 그는 우리에게 총을 겨누며 거기에 서 있어야 했고 다른 군인들은 집안을 수색했다.

나는 스페인어 성경을 집어 들고 산상수훈을 폈다.

“우리는 예수 그리스도에 대해 가르칩니다.” 나는 말했다.

"이 세상에 오신 하나님의 아들이 우리를 구원하셨습니다. 그는 우리에게 싸우는 것보다 더 좋은 방법이 있다는 것을 가르치셨습니다. 그는 사랑의 길을 가르치셨습니다. 그 때문에 저는 당신이 나를 죽인다 해도 당신을 사랑하면서 죽을 것이라는 것을 말할 수 있습니다. 왜냐하면, 하나님은 당신을 사랑하시기 때문입니다. 그를 따르려면 나 역시 당신을 사랑해야만 합니다."

"이 특별한 성경에는 단락마다 제목이 있습니다." 그녀는 그들을 바라보고 똑똑하게 읽었다.

"예수는 당신의 원수를 사랑하라고 가르치신다." 그리고 "선으로 악을 갚아라."

"인간이라면 그것은 불가능해!" 그는 버럭 소리를 질렀다.

"선생님 말이 맞습니다." 나는 대답했다. "인간으로서는 불가능하지만, 하나님의 도움으로는 가능한 것입니다."

"믿을 수 없어."

"당신에게 그것을 증명할 수 있습니다. 선생님, 저는 당신이 우리를 죽이러 왔다는 것을 알고 있습니다. 그렇다면, 천천히 저를 죽여주세요. 만일 당신이 증거를 원하신다면 저를 작게 토막으로 잘라보세요. 그리고 당신은 우리가 당신의 살인 때문에 당신을 미워하지 않는다는 것을 알게 될 것입니다. 저는 당신을 위해 기도하면서 죽을 것입니다. 왜냐하면, 하나님은 당신을 사랑하시기 때문입니다. 그리고 우리도 역시 당신을 사랑합니다."

그 군인은 총을 내려놓았다. 그리고 돌아섰다. 그는 목청을 가다듬고 말했다.

"당신은 내게 당신이 무고하다는 것을 거의 확신시켰소. 그러나 나는 무선 라디오와 함께 이 집안에 있는 모든 사람을 끌고 오라는 명령을 받았소. 그렇지만, 나는 당신이 따뜻한 옷과 담요를 가져갈 수 있도록 허용하겠소. 당신들은 땅에서 자게 될 것이오.”

군인들은 총구를 아래로 겨누고 우리를 두 명씩 끌고 갔다. 마을 진입로의 작은 도로에는 트럭이 기다리고 있었다. 우리는 마을의 다른 사람들도 역시 포로로 잡혀 왔다는 것을 알게 되었다. 그 지역의 교회 책임자, 청년그룹의 리더, 그리고 다른 리더들도 총 앞에 일렬로 늘어섰고 우리와 함께 트럭으로 호송당하게 되었다.

그런데 갑자기 그 군인이 마음을 바꾸었다.

“멈춰!” 그는 말했다.

“남자들만 데려가. 여자들은 나와 함께 있을 것이다.”

그는 우리를 집으로 돌려보냈다.

“내가 왜 이런 행동을 하고 있는지 모르겠소. 나는 방금 당신들을 천 명이 넘는 정글 캠프로 데려가려고 했소. 그들이 여자 포로들에게 어떻게 행동할지를 나는 잘 알고 있소. 당신은 수차례 학대를 당할 것이오. 나는 당신을 거기에 데리고 갈 수 없소.”

“우리 군대에서는 누구도 명령을 거스를 수 없소.” 그는 계속해서 엄하게 말했다. “나는 한 번도 명령에 불복한 적이 없소. 그러나 처음으로 오늘 저녁 명령에 불복종하고 있소. 만일 나의 상관이 내가 습격한 이 집에 당신들이 있고 당신들을 끌고 가지 않았다는 것을 알면 내 일생을 두고 그에 대한 대가를 치르게 될 것이요.”

그는 문 쪽으로 터벅터벅 걸어 나갔다. 그리고 나는 다시 돌아다보았다.

“나는 당신이 어떤 무기를 가지고 있었든 맞서 싸웠을 것이오.” 그는 말했다.

"그러나 여기에는 내가 이해할 수 없는 그 어떤 것이 있소. 나는 그것과 싸울 수 없소."

그러고 나서 우리 팀원들과 마을의 지도자들에게 무슨 일이 일어났는지 소식을 기다리는 힘든 시간이 계속되었다. 기다림과 불확실성은 끝이 없었다. 창문 밖에서 나뭇가지 소리가 들리면 군인들이 돌아오는 줄 알고 모두가 벌떡 일어섰다. 마을 사람들은 우리만큼이나 겁에 질려 있었다. 그들은 온 종일 우리 집 근처에서 서 있었다. 어떤 이들은 울고 있었고 다른 이들은 그들에게 동정을 표했다. 아무도 다음에 어떤 일이 일어날지 알지 못했다.

지역 사람들은 우리가 교회에서 예배를 드릴 수 없다고 고집했다. 왜냐하면, 군인들이 어떤 회합이든 정치적 선동 목적을 가진 것이라고 간주했기 때문이다.

"만일 당신이 예배를 드리면 군인들이 올 것입니다. 그들은 더 많은 죄수를 데리고 갈 것입니다." 그들은 나에게 말했다.

"우리는 모두 주일에 집에서 기도하기로 했습니다."

그러나 토요일 저녁 한 사람이 우리 집으로 왔다.

"저는 목요일 밤 우리 마을 습격을 지휘했던 사람으로부터 메시지를 가지고 왔습니다." 그는 말했다.

"그는 당신이 일요일 주일 예배에 참석할 것이라고 말했습니다. 하지만, 일요일에 차량이 없어서 당신이 교회의 차를 끌고 그를 데리러 가야 합니다. 또, 그는 당신이 오지 않는다고 해도 16킬로미터를 걸어서 어떻게든 거기에 갈 것이라고 말했습니다." 그것은 마치 위협처럼 들렸다.

나는 그날 밤 메시지를 마을의 모든 사람에게 보냈다.

"우리는 결국 예배를 드리게 될 것입니다." 나는 그들에게 말했다.

"그러나 당신이 반드시 올 의무는 없습니다. 사실 교회에 나옴으로써 당신은 목숨을 잃을 수도 있습니다. 아무도 이 군인이 무슨 일을 할지 알 수 없습니다. 만일 하나님이 당신을 부른다는 확신이 없다면 교회 종이 울렸을 때 당신은 오지 마십시오."

나는 마을 사람들이 군인들을 무서워한다는 것을 알고 있었다. 그리고 군인들이 주위에 있을 때 시선을 피하려고 했다. 나는 사람들이 올 것이라고 기대하지 않았다.

다음 날 아침 교회 차량을 가지고 지휘관을 데리러 갔다. 그는 호위병들과 함께 나왔다. 그들 중 둘은 시큰둥하게 교회에 들어와 앉았다. 그리고 여전히 소총을 쥐고 있었다. 우리 팀의 여자들이 들어 왔다. 벨이 울렸고 우리는 노래하기 시작했다. 교회는 첫 찬송이 끝나기 전에 찼다. 사람들의 얼굴은 창백해져서 떨었지만 결국 그들은 왔다. 그들은 신앙이 위험에 처한 것처럼 느꼈다. 그리고 그들은 감옥에 가더라도 참석할 것을 결심했다.

교회의 지도자가 군인들에게 끌려갔기 때문에 내가 예배를 인도했다. 나는 군인들이 그곳에 없는 것처럼 생각하고 예배를 인도하려고 애썼다. 손님들을 앞으로 불러서 환영 찬송을 부르고 그들에게 손을 흔들어 주는 것이 교회의 관행이었다. 모든 사람이 일렬로 서서 방문자들에게 손을 흔들고 그들에게 포옹하고 개인적인 인사를 하는 것이었다.

어떻게 자신의 남편과 형제를 감옥으로 데려간 사람들을 포옹하도록 요청할 수 있을까? 그것은 지나친 요청이었다. 나는 그들에게 환영가를 부르도록 요청하겠지만, 포옹은 생략하도록 할 생각이었다.

군인들은 우리가 그들을 환영하도록 앞으로 나와 달라고 부탁했을 때 사뭇 놀랐다.

"우리를 환영한다고?" 그들은 놀라 물었다.

"좋아" 그들은 어깨를 으쓱했다. 그들은 앞으로 나와서 총을 등에 돌리고 형식적으로 서 있었다.

사람들은 서서 힘없이 노래를 부르고 소심하게 손을 흔들었다. 나는 그들이 다시 앉으리라 생각했다. 그러나 아니었다. 앞줄에 앉아 있는 남자가 먼저 앞으로 나와 손을 내밀었다. 그가 군인들을 포옹하려 할 때 나는 그가 말하는 것을 들었다.

"형제, 우리는 당신들이 우리 마을에서 한 짓은 좋아하지 않습니다. 그러나 여기는 하나님의 집입니다. 하나님은 당신을 사랑하시고 그래서 당신은 여기에서 환영받는 것입니다."

교회의 모든 사람이 그를 따라 행동했다. 이들에게 끌려간 사랑하는 사람을 생각하며 눈시울이 붉어진 여자들조차도 그렇게 했다. 그들 역시 환영의 말을 했다. 군인들의 얼굴은 처음에는 놀람으로 다음에는 불신으로 변했다.

마지막 사람이 그들에게 인사를 마치자 지휘관이 설교단으로 걸어 나와 엄한 목소리로 말했다.

"이제 내가 몇 마디 하겠소. 내가 습격한 마을에 돌아와 형제로 환영받는 다는 것을 꿈에도 생각하지 못했소. 나는 오늘 아침 보고 들은 것을 결코 믿을 수가 없소. 저 여자는 지난 밤에 기독교인들은 원수를 사랑한다고 말했소. 그러나 나는 그때 그녀의 말을 믿지 않았소. 당신들은 오늘 아침 그것을 나에게 증명해 보였소."

그는 회중들을 향해 계속해서 말했다.

"이번이 내가 경험한 첫 예배요. 나는 전에 하나님이 존재하신다고 믿지 않았소. 그러나 내가 방금 느낀 감정은 너무도 강렬해서 내가 살아 있는 동안 하나님의 존재를 절대 의심하지 않을 것이요.”

그는 사람들을 쭉 둘러보고 물었다.

“당신들은 하나님을 아십니까? 만일 하나님을 아신다면 그에게 의지하십시오. 하나님을 아는 것은 이 세상에서 가장 멋진 일입니다.”

그가 다급한 목소리로 말을 하는 동안 그의 손은 무엇을 꽉 잡으려고 하는 것처럼 움직였다. 그리고 다른 손은 총을 쥐고 있었다.

“나는 하나님을 모릅니다.” 낮은 목소리로 그가 고백했다.

“그러나 언젠가는 알게 되리라 생각합니다. 그날 한 번 더 오늘 아침에 한 것처럼, 형제로 자매로 서로에게 기쁘게 인사할 수 있기를 바랍니다.”

그는 우리와 함께 식사를 하러 왔다. 남자들은 식사를 준비하기 위해서 고기를 잡아왔다. 여자들은 심지어 사랑하는 사람들을 잃은 여자들조차 나를 도와 요리를 했다. 우리가 점심을 준비하는 동안, 남자들은 지휘관에게 마른 집을 위한 벽돌 계획, 닭과 채소, 식물성 단백질 연구 계획, 그리고 맑은 물 공급 계획을 둘러보게 했다.

마침내 그가 말했다.

“나는 무고한 사람들을 끌고 갔소. 나는 그때 내가 한 일이 무엇인지 알지 못했소. 이젠 너무 늦었소. 만일 필요한 것이 있다면 내게 말씀하시오. 내가 구해 주겠소.” 그는 앞으로 일어나지 않을 것 같은 방문을 약속하며 떠났다.

칠일 후에 우리 교회의 감독은 메시지를 보내 모든 미국인은 즉각 수도로 올 것을 전달했다. 그는 우리가 가능한 한 빨리 미국으로 돌아갈 것을 촉구했다. 왜냐하면, 반쿠테타로 우리의 생명이 위협받을 것이기 때문이라는 것이다.

수도에 도착하자마자 그날 밤 우리 집에서 호송된 미국 사람들이 덤프트럭에 실려 마을에서 16km 떨어진 군영으로 끌려갔다는 사실을 알게 되었다. 거기에서 그들은 다른 죄수들과 함께 비행기에 실려 지방에서 수도로 옮겨졌고 지하 감옥에 갇혔다.

삼일 후에 미국 대사관은 미국인들의 석방 교섭에 성공하여 그들이 그 나라를 떠날 수 있도록 도왔다. 그러나 현지인들은 2주일 동안 풀려나지 못했다. 특히 몇몇 종교 지도자들은 고문을 당했다.

종종 나는 우리를 죽이려고 정글에서 급습한 군인들을 생각한다. 그들은 15분 내에 그는 자기 생각을 바꾸었고 위험을 무릅쓰고 우리를 구했다. 나는 하나님이 나 자신의 힘으로 사랑할 수 없는 사람을 위해서 이 마을에 하나님의 사랑을 심어주신 것에 감사드린다.

나는 그 군인이 떠나면서 한 마지막 말을 잊을 수 없다.

"나는 많은 싸움을 싸웠고 많은 사람을 죽였습니다. 그것은 내게 아무것도 아니었습니다. 적을 박멸하는 것이 내 임무였습니다. 그러나 나는 개인적으로는 그들을 몰랐습니다. 이것은 나의 적과 인간 대 인간으로 얼굴을 맞대는 첫 경험이었습니다. 나는 우리가 서로 알았다면 총은 결코 필요가 없었을 것이라고 생각합니다."

사라 카슨 Sarah Carson과 그의 남편은 '믿음과 기술의 봉사자'(SIFAT Servants in Faith and Technology)의 설립자이다. 이 단체는 인간의 기본적 욕구를 충족시키기 위해 실제적 훈련을 제공해준다. 이 단체는 알라바마의 웨도웨에 있다. 이 글은 Sojourners지의 1983년 4월호(P.O. Box 29272, Washington, D.C. 20017)에서 저자의 허가를 받아 게재하였다.

무기를 내려놓게 하는 방어

앤지 오고만 Angie O' Gorman

비폭력과 개인적 폭력

　개인적 폭력은 전쟁 다음으로 우리가 부딪히는 가장 끔찍한 경험중 하나이다. 그럼에도, 우리는 신앙의 문제를 짚고 넘어가야 한다. 어떤 사람이 침실에서 나를 위협하며 서 있을 때 복음에 바탕을 둔 비폭력에 대한 나의 믿음을 실천한다는 것은 무엇을 의미하는가? 산상수훈, 원수를 사랑하라는 요청, 기독교 윤리에서 화해의 중심성을 생각해 보아라. 이러한 것들이 내가 강도를 마주보며 서 있을 때 특별한 의미가 있을까? 강간범이라면? 살인범일 가능성이 있는 사람이라면?

　아니면 수세기 동안 전쟁과 관련해 반복되어 제기되는 문제, 즉 문제가 공격으로부터의 방어일 때 다른 규범체계를 적용하는 것이 더 낫지 않을까? 이 문제는 국가들 간에 무장해제라는 대의에 헌신한 우리들에게 더 긴급한 사안이다. 만일 무장해제가 국제적 수준에서 가능한 것이라고 믿는다면, 개인적으로 위협을 받았을 때 나를 어떻게 방어할 것인가? 방어와 폭력, 평화와 소극적 대응을 같은 것으로 취급하는 우리 문화의 인식에 대한 대안들이 있을까?

　　서구 기독교는 방어라는 개념에 대해 위협적인 모든 것을 파괴하려
는 시각에서 책임과 권리를 정의하는 경향이 있다. 신학적인 표현으로
우리는 악의 징벌을 예수가 말했던 왕국의 도래에 대한 필수적인 서곡
으로 보는 경향이 있다. 따라서 내가 강간범을 죽이거나 또는 그를 성性
불구로 만들어 버린다면 그것은 내 자신을 보호하며 사회를 개선시키고
하나님의 통치를 앞당기는 것이 된다는 것이다. 직설적으로 표현되지
않았지만, 그것은 논리적 결과이다. 말하자면, 악을 파괴하는 것은 복음
을 촉진시키는 방법으로 간주된다.

　　이러한 원리의 예들은 찾기 어렵지 않다. 어거스틴은 그의 정전론正戰
論에서 상대방을 사랑하지 않는다면 그 사람을 죽이는 것을 금지한다.
그 동기는 그 사람의 영혼을 구원하고자 하는 바람을 포함해야 한다. 그
러나 어거스틴조차도 자기 방어를 위해서 살인을 허용하지 않았다. 그
의 견해에 따르면 사적인 시민들은 공격자를 죽임으로써 자신을 방어할
수 없었다. 왜냐하면, 그들은 사랑을 버리지 않고는 그러한 행동을 할
수 없었기 때문이다. 우리는 교회와 국가를 방어하기 위해서만 살인을
할 수 있다. 이것이 전통 카톨릭 입장이 되면서 불완전한 사회 가운데서
하나님의 법의 수호자로서 교회의 역할에 대한 신학적 이해와 융합되게
된다. 이 역할은 신학적으로 방어해서 살인하는 것을 합법화한다. 베트
남전 동안에 웨스트모어랜드Westmoreland 장군은 동일한 논리를 사용했
다. "우리는 마을을 구하기 위해서 그것을 파괴해야 했다."

　　성경에서 이러한 논리를 발견하는 것은 어렵다. 기독교 윤리는 적을

괴멸시키기 보다 적의 회개를 촉구하고 회개의 과정을 촉진시키기 위해서 내 편에서 충분한 사랑이 있어야 한다. 아무튼 압박 받는 자, 희생자는 악에 붙들린 사람의 삶에서 한 역할을 하고 있다. 그 악의 뿌리들이 경제적, 심리적, 또는 우리의 문화적 인종주의나 성차별주의의 영향에서건 간에. 그러나 위험스런 공격적 행동에 직면한 한 사람에게 이것은 어떤 의미가 있을까? 공격자와 피해자 사이의 상호 행동에서 시간적 여유가 없을 때라면, 이는 별로 의미가 없다. 총을 소지하고 있든지 그렇지 않든지 간에 만일 범인이 당신 뒤에서 머리를 곤봉으로 친다면 방어의 기회는 전혀 없다. 그러나 공격자가 시간적 여유를 남겨준다면 폭력적 해결책 이상의 것을 기대해 볼 수 있다.

예수는 한 가지 색다른 방어의 방법을 제시한다. 그는 그것을 가리켜 '**원수에 대한 사랑**' 이라고 불렀다. 그것은 마음이 상하고 병들고, 곧 죽을 것 같은 사람들을 위해서 온전함, 안녕 그리고 생명을 바라는 것이다.마5:44 예수가 원수를 사랑하라고 할 때 의도했던 것은 폭력의 악순환보다는 악을 경감하게 하여 전혀 새로운 방식으로 악이 스스로 손을 들게 하는 초석을 놓는 것이었다. 공격적 상황에서 무엇보다도 이는 공격자에 대한 안전을 요구한다.

그것이 말도 안 되게 들린다는 것을 인정한다. 그러나 무기를 내려놓게 하는 힘은 원수를 사랑하고자 하는 마음에서 온다고 느껴왔다. 이 욕구는 공격자에게서 나온 것이 아니라 **나 자신**에서 나온 것이다. 몇 년 전 어느 날 밤 어떤 사람이 나의 침실 문을 차서 열려고 하는 소리에 잠에서 깨어났다. 집에는 아무도 없었다. 전화는 아래층에 있었다. 그는 내 침대로 걸어오면서 다소 거친 말을 해댔다. 어둠 속이어서 그의 눈을 볼 수 없었다. 하지만, 몸의 윤곽은 볼 수 있었다. 나는 거기에 누워 있으면서 전에 경험하지 못한 두려움을 느끼고 상처받을 수 있다는 가능성을 느꼈다. 여러 가지 생각이 내 머릿속에 밀려왔다. 우선 소리를 지르는 것은 소용없는 일이었다. 두 번째는 베개 밑의 총을 사용하여 안전을 확보한다는 것이었다. 그러나 이것은 잘못된 생각이다. 왜냐하면, 베개 밑에 있는 총에 손을 뻗는 동안 그 사람이 그저 가만히 있으리라고 상상할 수 없었기 때문이었다.

나는 세 번째 생각이 나의 생명을 구했다고 믿는다. 나는 분명 그와 내가 함께 이 상황을 안전하게 해결하든가 아니면 우리 둘 다 상처를 입을 것이라는 사실을 깨달았다. 만일 그가 나를 강간한다면 육체적으로 정서적으로 모두 상처를 입게 될 것이고 그도 역시 상처를 받게 될 것이다. 만일 그가 감옥에 가게 된다면 피해는 더욱 커질 것이다. 그러한 생각이 나로 하여금 무기를 사용할 생각을 벗어버리게 했다. 또한 마비상태와 욕설하고픈 마음에서 벗어나게 했다. 그것은 내가 여전히 두려움의 감정을 가지고 있었음에도, 나의 대응능력을 지배하지는 못하게 했다. 내 목소리에는 단호하지만 적대감은 없었으며, 둘의 안전을 고려하며 처신하고 있었다.

나는 그에게 몇 시냐고 물었다. 그는 대답했다. 그것은 좋은 징조였다. 그는 내 침대 옆에 있는 테이블에 있는 시계와 자신의 시계가 서로 맞지 않는다고 말했다. 그의 시계는 2시 30분이었고 내 것은 2시 45분이었다. 나는 곧장 내 시계를 다시 맞추었다. 나는 그의 시계가 정확하기를 바랐다. "시계를 마지막으로 맞춘 것이 언제죠?" 그는 대답했다. 그리고 나도 대답했다. 시간은 끝없는 것처럼 느껴졌다. 분위기가 차분해지기 시작했을 때, 그에게 어떻게 집 안에 들어왔는지를 물었다. 그는 뒷문의 유리를 깨고 들어왔다. 그에게 그런 행동은 문제가 된다고 말했다. 나는 새로운 유리창을 살 돈이 없었다. 그도 자신의 재정적 어려움에 대해서 이야기했다.

우리는 서로 낯설음이 없어질 까지 이야기를 계속했다. 나는 그에게 떠나줄 것을 요구했다. 그는 그러고 싶지 않아 했다. 그는 어디에도 갈 곳이 없다고 말했다. 그를 강제로 나가게 할 육체적 힘이 내게 없다는 것을 알기에 나는 대등한 관계에서 그에게 단호하지만 존경심을 잃지 않고서, 깨끗한 이불을 주겠지만, 아래층에 있는 침대에서 잘 것을 권했다. 그는 아래로 내려갔다. 그리고 밤새 침대에서 뒤척이며 앉아있었다. 다음날 아침 우리는 함께 아침을 먹고, 그는 떠났다.

그날 밤 여러 가지 일들이 일어났다. 나는 내가 두려워하는 사람을 나에게 한 인간이 되게 할 수 있었다. 그리고 결과적으로는 놀랍게도 인간적으로 그를 대할 수 있었다. 그런 태도가 그의 긴장을 늦추게 했다. 그는 친근하게 방문한 것이 아니었다. 그리고 그가 정상적 상태를 되찾기 위해서 몇 분이 걸렸다. 그때 분위기는 폭력을 휘두르기에는 걸맞지 않았다. 어쩌다가 그는 곁길에 빠졌지만 마침내 마음을 바꾸었다.

기도와 묵상, 훈련, 그리고 상대방의 공격성을 줄일 수 있었던 경험을 통해서 나는 **생각을 바꿀 수 있는 환경**을 조성할 수 있었다. 나는 예수가 자기 방어의 모범들을 복음에서 실천했다고 생각한다. 우리는 예수가 그를 위협했던 사람들과 어떻게 관계했는지를 관찰함으로써 이 역학을 얼핏 볼 수 있다.

분명 예수는 비록 자신의 안녕이 그들의 선택의 대상이 되었을지라도 어떤 사람의 선택능력을 박탈하는 것이 효과적이지 못하다는 것을 알았다. 겟세마네 동산의 장면은 그가 개인적 공격을 다루는 방식 보여준다. 그는 곧 배신을 당할 것과 군인들이 빈틈없이 무장을 한 채 오고 있는 것이 그의 시야에 들어오는 것을 걱정하지 않았다. 그는 군인들에게 별로 기대할 것이 없음을 알고 있었다. 더 나쁜 고통은 그의 가장 가까운 친구들이 등을 지고 도망가며 그를 버릴 때였다. 그의 '방어' 선은 무너졌다. 예수는 어떻게 행동했는가? 그는 그들이 그 자리에 억지로 서게 할 수 있었다. 그들에게 죄책감을 심어주고 신체적으로 제약을 가하고, 대중의 비난에 노출되게 하고 당혹감을 주는 것은 효과가 있었을 것이다. 그 대신에 그는 그들을 가도록 내버려 두었다.

이 대목에서 놀랄만한 사실이 있다. 사도들이 충성스럽지 못했다는 점이다. 그들은 단지 준비가 되어있지 않을 따름이었다. 아마도 예수는 강제적 선택은 진정한 선택이 아니라는 것을 알기 때문에 그들이 가도록 내버려두었을 것이다. 그들을 강제로 붙들어 두는 것은 그들이 회개하고 돌아오도록 선택하는 데 필요한 깨달음을 방해할 것이다. 왕국이나 진리는 폭력에 의해서 얻어질 수 없다. 진리와 깨달음의 본질은 그것의 자유로운 선택에 있다. 만일 제자들이 신실할 것을 선택해야 한다면, 그들은 그것을 선택할 자유를 허락받아야 한다. 예수의 처신은 그들이 진실을 알 수 있는 능력을 빼앗아가기보다는 그들의 자유로운 선택의 결과들을 감수하려는 의지를 반영하고 있다.

그러나 예수는 한 순간의 선택보다 선택하는 그 인격에 더 많은 것을 요구한다. 그는 회개할 수 있는 환경을 조성하려는 시도를 하시면서 선택을 해야 하는 사람과 기꺼이 동행하려는 의지를 가지고 계신다. 그는 경외감을 일으키는 상황들을 조성하여 진리를 내면화할 수 있도록 하셨다. 그리고 그것에 비추어서 사람들이 스스로 자신의 행동을 반성할 수 있도록 하셨다. 그는 회개할 수 있는 환경을 창출하려고 힘쓰셨다. 그의 비유들은 이러한 역학의 모델들이다.

예수는 말씀하신다. "또 너를 송사하여 속옷을 가지고자 하는 자에게 겉옷까지 가지게 하라."마5:40 어떤 이가 옷 한 벌을 취한다면 그 옷의 주인은 다른 한 벌도 주도록 권고하신다. 왜인가? 그러한 기후에서는 두 벌 옷 모두를 준다는 것은 험한 자연에 자신을 노출시키는 것이 된다. 그래서 예수는 겉옷도 역시 주라고 권면하신다. 적이 당신의 벗은 몸을 보고서 그가 한 행동이 어떤 것인지 진리를 보게 하라. 놀라운 행동을 해서 그의 눈을 열어라.

또 예수는 말씀하신다. "누구든지 너로 억지로 오리를 가게 하거든 그 사람과 십리를 동행하라."마5:41 이것이 의미하는 바는 원수, 다시 말해서 어떤 유대인이든 그들의 장비를 일마일 지게 할 수 있는 권리가 있었던 로마 군인을 위해서 일마일 더 가주라는 것이다. 그러나 첫 일 마일을 간 다음에 계속해서 다음 일 마일을 더 가며 자신의 짐을 내려놓기를 거절하는 유대인을 상상해보아라. 첫 1키로미터를 간 다음에 누가 힘을 가졌는가? 힘의 관계는 바뀌게 된다. 두 번째 1키로미터 동안에, 그 유대인은 그 군인에게 영향을 줄 기회를 가지고 있다. 또한, 그 군인이 자신에 행동에 대한 통찰을 얻도록 도울 수 있고 이 이스라엘 사람을 한 사물이 아닌 한 인격으로 볼 수 있도록 도울 수 있다.

우리는 효과적인 비폭력적 방어를 하기 위해서 (1) 근본적으로 적으로서 우리와 마주하는 사람의 인간성을 존경해야 하고 (2) 대화의 문을 여는 환경을 조성해야 한다. 우리는 원수를 사랑하는 법을 배우는 투쟁에서 얻은 지혜를 통해서 이러한 요소들을 결합한다.

위기의 상황 가운데서 무기를 용이하게 내려놓게 하고 실제적인 안정을 촉진하는 능력은 공격자의 의도만이 아니라 우리의 기본적 욕구에 달려있다. 만일 내가 이기고자 하는 욕구로부터 한 공격자와 관계를 맺는다면, 그리고 그에게 교훈을 주고자 복수한다면 내 행동은 이러한 욕구들을 반영하는 것이 될 것이다. 만일 나 자신의 안전이 유일한 관심이라면 나는 위협적으로 변하여 그 공격자의 안전에 거슬러서 행동을 하게 될 것이다. 따라서 그 공격자는 방어적인 상황에 처하게 된다. 그리고 나는 인격 상호간 역학의 어떤 통제도 잃어버린다.

그러한 욕구들에서 자기 자신의 안전은 물론 공격자의 안전을 생각하기까지는 힘든 여정이다. 그러나 내 자신이 개인적 무장해제까지 이르는 길은 나를 해하고자 하는 타인의 의지를 무장해제 시킬 수 있는 나의 능력의 기초이다. 만일 내가 나 자신을 무장해제하는 과정에 있다면

나는 타인의 인격을 무장하는 데 필요한 것이 무엇인지를 이해하기 시
작할 것이다. 개인적 공격을 마주한 상황에서 내가 느끼는 두려움과 상
처받을 수 있다는 감정의 한 가운데서, 파괴하고자 하는 의지와는 다른
그 무엇이 수면에 올라오고 나의 행동은 그것을 반영하게 된다. 나는 더
자유롭게 상대방의 생각이 바뀔 수 있는 환경을 만들 수 있을 것이다.
왜냐하면, 나는 자기를 지키기 위해 타인을 파괴하는 것을 필요로 하지
않는다는 것을 알기 때문이다. 동시에 만일 내가 나를 위협하는 사람을
사랑하거나 아니면 그들의 안녕을 바랄 수 없다면 나는 나의 감정과는
상관없이 이들이 사랑받는 사람들임을 기억함으로써 그 능력을 배양할
수 있다.

복음은 우리에게 말하기를 "하나님의 사랑은 불의한 자나 의로운 자
모두에게 비를 내리게 한다."마5:44-45를 토대로 요약함나와 마주한 사람이
적이든 친구든 하나님이 그 사람을 사랑하시고, 그 분 때문에 고귀한 존
재인 것이다. 나는 하나님이 귀하다고 여기시는 사람에게 신중할 필요
가 있다. 아무리 피하려고 해도 나는 예수 그리스도가 계시하신 하나님
이 무조건적 사랑이라는 사실을 외면할 수 없다. 천국의 도래와 함께 이
스라엘의 선택된 백성으로서 지위는 끝이 났다. 우리는 모두 같은 부모
하나님 안에서 나와 모두 같은 사랑을 받는다. 비폭력 속에서 나는 공격
자가 나처럼 사랑받는 사람임을 알게 되고 상호간의 안전에 대한 관심
에서 행동한다. 나의 행동들은 하나님이 나를 사랑하듯이 모든 사람을
사랑하신다는 믿음의 결과이다. 비폭력은 내가 그러한 사랑에 헌신한다
는 것을 보여주는 것이다.

공격자의 안전이 나 자신의 안전만큼이나 중요하다면 나는 그 위기를 자유롭게 해소할 수 있다. 비폭력의 문제는 우선적으로 이렇게 상대방의 안전을 원하는 마음의 문제이다. 따라서 만일 내가 위기의 순간에 타인과 비폭력적인 상호 행동을 원한다면 우선 마음속으로 무기를 버릴 수 있는 마음가짐이 중요하다.

나는 희생자로서 공격자가 마음을 변화시키도록 힘을 불어 넣을 능력을 갖고 있거나 아니면 무의식적으로 나를 해하고자 하는 욕구를 부추길 수 있다. 공격자는 두려움이나 패닉으로 인해 적대적으로 대응할 완전한 준비가 되어 있다. 사회학자들 대부분은 공격자들이 그 희생자가 어떻게 반응할 것인지에 대한 기대 가운데서 행동한다고 말한다. 그들은 행동—반응의 놀이를 통해서 피해자와 자신을 양극화시킬 수 있는 희생자를 필요로 한다. 폭력적이고 적대적인 반응은 패닉이나 무력의 반응과 마찬가지로 공격자의 기대, 자기 확신, 통제 의식을 강화시킨다. 또한 그것은 이미 적대적인 사람 안에서 잔인함을 증가시키는 경향이 있다.

공격자는 어떻게 이 게임을 할지 알고 있다. 그들은 상황을 잘 다루도록 준비되어 있다. 따라서 폭력적인 저항을 하는 것은 공격자가 세워놓은 게임의 법칙 속에 자신을 던져 넣어 상황을 충족시키는 꼴이 된다. 보통은 이러한 폐쇄적 게임 속에서는 안전한 해결책을 찾아낼 수 없다.

두려움, 패닉, 무력감, 그리고 대항 폭력은 적대감과 잔인함의 수위를 높일 수 있지만, 심리학자들에 의하면 놀라움은 공격자의 정신을 산만하게 할 수 있다고 한다. 인간의 영혼이 놀라움과 동시에 잔인함의 상태로 머물러 있는 것은 거의 불가능하다. 따라서 공격의 상황에서 공격자를 놀라게 할 일이 일어나게 한다면 놀라움을 주는 사람과 그것에 반응하는 사람 모두 무기를 내려놓게 하기 쉽다.

생각을 바꿀 수 있는 환경을 조성한다는 것은 어떤 놀라운 일을 하는 것을 의미하는 것이다. 그것은 위협적이지 않고 예기치 못한 것이다.

놀라움은 무기를 내려놓게 할 뿐 아니라 놀라움을 일으키는 무엇이든 간에 관심을 집중시키고 놀란 사람의 마음속에 어떤 암시를 준다.*인간의 영혼이 놀라움을 일으키는 것에 집중하면 닮고 싶은 욕구가 일어난다. 우리가 공격자의 안전을 위한 욕구를 우리 안에서 배양하면, 우리는 공격자 안에서 우리의 안전을 위한 욕구를 배양하게 된다. "만일 당신이 타인을 정복한다면" 비폭력적 전략가인 리처드 그래그Richard Gregg는 "외부적인 저항에서가 아니라 당신의 인격 안에서 이전의 성향과 양립할 수 없는 강력하고 새로운 충동을 일으킴으로써 저항하라"고 말했다.

일시적으로 희생자 편에서 기대치 않은 반응을 보았을 때 공격자가 느끼는 혼란은 다양한 수준에서 상호작용을 일으킬 가능성이 있다. 그래그는 이 역학을 도덕적 유술柔術,moral jujitsu**이라고 불렀다.

피해자의 비폭력적 [반응]은 신체적 유술을 사용하는 사람이 육체적 힘이 부족함에 호소해서 상대방의 도덕적 균형을 잃게 만드는 것과 같은 효과가 있다. 공격자는 대부분의 피해자들이 흔히 폭력적으로 저항함으로써 얻게 되었던 도덕적 정당성을 예기치 못하게 잃고 만다… 그는 새로운 상황과 그것을 어떻게 처리할지 몰라 당황하게 된다. 그는 차분함과 자신감을 잃게 된다… 비폭력적 저항을 하는 사람은 자신이 대응방식의 성격과 더 창조적인 목적을 알고 있기 때문에 다른 수단으로 도덕적 균형을 유지한다.

유술은 균형과 그것을 방해하는 방법에 대한 지식에 토대를 두고 있다. 비폭력도 마찬가지다. 저항을 하는 사람은 무기를 내려놓도록 하는 반응을 통해서 공격자의 리듬을 차단하고 서로의 만남을 위한 방향으로 선회하도록 움직이게 한다.

비폭력 뒤에 있는 **영적인 힘**spirituality이 여기에서 중요하다. 아무리 기교가 중요하다고 하더라도 기교가 흘러나온 의식이 훨씬 중요하다. 비폭력의 힘은 피조물이 온전함을 향해 나아가고 있다는 것을 얼핏 볼 수 있는 능력에 있다. 이 비폭력적 힘은 위에서 말한 역학을 활성화시킬 것을 요구한다. 강제력이 진리가 성취되는 것을 막지 못하게 하는 것, 타인을 사랑받는 한 인격으로서 존경하는 것, 승리와 지배보다는 화해를 지향하는 것, 그리고 모든 사람의 안녕에 높은 가치를 두는 것이 그 내용이다.

만일 비폭력이 하나의 기술로 축소되고 이러한 욕구들에 진정 뿌리를 내리고 있지 않다면 그것은 조작적인 것이 될 수 있다. 이것은 공격적 상황에서 참화를 일으킬 수 있다. 공격의 상황에서 비폭력의 성공적인 사용은 그 희생자가 공통의 안녕을 위한 진정한 욕구로부터 행동하는 것을 요구한다. 그러한 욕구는 작고 겉보기에 대수롭지 않는 다양한 행동들로 구성된 공통의 우주를 세우는 것으로 표현될 수 있다.

폭력은 무기를 들게 한다. 폭력에는 그 나름의 역학이 있다. 강제력은 적 안에서 자신이 방어할 필요를 느끼게 한다. 이같이 폭력은 스스로 증대된다. 비폭력의 기술은 위협과 반反위협의 상승적 흐름을 중단시키고 그 방향을 역전시킨다. 폭력적 행동으로 상승할 수 있는 상호적인 힘의 증대는 반대로 비폭력적 행동으로도 역전될 수 있다. 무장해제는 폭력을 통해서는 불가능하다. 그러나 비폭력을 통해서 우리는 적을 굳건히 마주할 수 있고 나아가 사랑과 은혜가 상호 간에 파고 들어가 공격은 불필요한 것이 되고 새로운 선택들이 가능하게 된다.

이 글은 1983년에 **앤지 오고만**Angie O'Gorman이 쓴 글로 1990년에 편집하여, New Society Publications에서 출판된 *The Universe Bends Toward Justice: A Reader on Christian Nonviolence in the U.S*라는 책으로 나왔다. 여기에 허가를 받아 수록하였다.

---

* 옮긴이주–사도행전 7장의 스데반의 순교 장면은 이러한 놀라움을 주는 좋은 예이다. 사도 바울이 여기서 어떤 암시를 받았을 가능성이 높다.

** 옮긴이주–일본 전통 무술로 유도의 기원이 됨

폭력의 피해자는 없었다

페기 파우 기쉬 Peggy Faw Gish

메기 헤리스는 해질 무렵 도심 공원을 따라서 조깅을 하고 있다가 갑자기 툭 튀어나와 그녀가 가는 길을 가로막은 몸집이 큰 한 남자와 얼굴을 마주하게 되었다. 그가 그녀의 팔을 휘어잡자 그녀는 소스라치게 놀랐다. 바로 그때 그녀는 개를 데리고 공원을 가로지르고 있던 한 노인을 보게 되었다. 만일 노인이 그녀를 도와주려고 한다면 해를 입게 될 것이라는 것을 알았기 때문에, 그녀는 도움을 청하고자 하는 충동을 억제했다. 그러나 노인의 안전에 대한 일시적인 관심의 초점의 변화는 두려움 때문에 마비되었던 상태를 깨우게 할 수 있었다.

용기를 얻은 메기는 자기 팔을 잡고 있던 남자의 손을 느슨하게 잡아당겼다. 그리고 그의 팔을 붙잡고 말했다. "저기로 가서 이야기합시다." 그녀는 그를 인적이 드문 곳으로 인도했다. 그녀가 그에게 관심을 보이자 그는 자신의 곤경과 절망을 그녀와 나누기 시작했다. 후에 그는 그녀를 해하지 않고 집으로 데려다 주었고 그의 친구가 되어 준 것에 대해서 고마워했다.

또 다른 예가 있다. 한 연로한 부인이 큰 쇼핑백을 들고서 시내로 가고 있었다. 두 남자가 뒤에서 그녀를 양팔을 붙잡았다. 그녀는 그들의 계획이 무엇인지 알았지만 근처에 그녀가 아는 집도, 아는 사람도 없었다. 그들이 그녀에게 가까이 가서 만지거나 어떤 말을 하기 전에, 그녀는 돌아서서 그들을 보고 활짝 웃었다. 그리고 그녀의 짐을 그들의 팔에 밀어 넣었다. 그리고 그들에게 함께 동행하게 돼서 얼마나 안심이 되는지 말했다. "난 이 거리에서 신경이 조금 예민해져요." 그녀는 말했다. "그리고 이 가방들은 매우 무겁습니다. 저를 도와주시겠어요?" 본능적으로 그 남자들은 가방을 잡았다. 그리고 셋은 그 여자가 그들에게 감사하고 그들이 얼마나 친절한지 말하면서 함께 길을 걸었다.

이것은 실제로 일어난 일이다. "어떤 이가 …라면?"에 대한 생각의 이론적인 훈련이 아니다. 실제로 이 사람들은 비록 놀랐지만 그들의 두려움과 분노가 그들을 압도하지는 못했다. 따라서 그들은 위협적인 상황에서 현명하게 문제를 대처할 수 있었다. 그들이 가지고 있었지만, 아마도 알지 못했던 내적인 힘으로부터 그들은 "왼쪽 뺨도 돌려 댔다."마 5:39

여기서 우리는 잠시 멈춰서 "왼쪽 뺨을 돌려 대는 것"이 무엇을 의미하는지 새롭게 살펴볼 필요가 있다. 그것은 보통 스토아 철학적 반응이라고 이해되어 왔다. 스토아적 윤리에 따르면 피해자는 이를 갈면서 수동적으로 학대를 참아낸다. 심지어 더 고통을 주라고 한다!

예수가 진정 마음에 둔 것은 이런 태도는 아니라는 생각이 든다. 희생자의 역할은 수동적인 것이 아니라, 전 상황을 완전히 뒤엎는 **도덕적 유**

술을 보여주어야 한다. 유약하고 희생양적인 태도나 분노와 두려움에서 나오는 복수 대신 우리는 사랑과 진리 그리고 정의감으로 반응할 수 있다. 이러한 힘으로 공격자의 기대를 거슬러 우리는 예기치 못한 것과 상상할 수 없는 것을 할 수 있다. 이런 태도는 공격자를 혼란스럽게 하고 흔히 기대되는 역할에서 벗어나 새로운 일이 일어날 수 있는 문을 열게 한다.

기독교인에게 이것은 내적인 힘의 근원에서 나오고 그들의 행동과 상관없이 모든 사람에 대한 존경심에서 나오는 신앙적 반응이다. 그것은 상황을 다루는 가장 실제적이거나 효과적인 방법을 합리적으로 계산하는 것을 넘어선다. 이러한 신앙적인 노력들은 상대방을 해하거나 복수하는 대신 깨지고 왜곡된 관계를 상호존중으로 회복하게 할 수 있다. 그것은 비폭력적 사랑의 반응이다.

결과적으로 위협을 받는 사람의 반응은 "…라면 어떨까?"라는 불가능한 추측에 의해서 전략을 세우고 생각을 짜내려고 하는 것에서 좀 더 벗어날 수 있다. 그러나 공격자의 상처와 필요에 민감하게 반응한다면, 그들의 힘을 거슬러 정통으로 관통할 수 있고 그들의 연약함과 인간성을 드러내게 할 수 있다.

이러한 도덕적 유술은 효율성을 가장 중요시하는 사람들에게 하나의 전략으로 사용될 때 가장 효과적이라는 사실은 매우 설득력이 있다. 진지한 대화에서부터 유머나 엉터리 이야기에 이르기까지 비폭력적 대응이 이루어지는 다양한 방식이 존재해 왔다.

앤지 오고만은 그녀의 침실로 칩입하는 한 남자에 의해서 한밤중에
깨어났다. 이 이야기는 162쪽에 있다 그녀는 머리에 떠오는 말을 했다. "지금
몇 시죠?" 공격자는 그녀의 질문에 긴장이 풀렸고 질문에 대답하고자
그의 시계를 보았다. 앤지는 그가 도움이 필요한지 묻고 서로 간단히 이
야기 나눈 다음에 그녀는 그를 아래층으로 내려 보내 잠을 자게 했다.
여기서는 그저 일상적이고 거의 엉뚱한 질문이 상황을 바꾸어 놓았다.
유머, 미친척하는 것 또는 심지어 역겨운 행동을 하는 것으로 공격을 방
해할 수 있다.

클리브랜드의 황량한 버스 정류장에서 조와 피터에게 돈을 요구하며
총을 든 두 남자가 다가왔다. 조는 공격자 뒤에 있는 하늘을 바라보고
외쳤다. "와, 보아요! 그들이 와요!" 모두는 미친척했다. 그 강도들은 흥
분하며 혼미해져서 도망을 쳤다.

어두운 도심에서 두 남자가 메리에게 다가왔다. 그녀는 곧장 핸드백
을 열어 화장지와 직장에 가져갔던 오래된 점심을 가지고 구역질을 하
며 토하는 시늉을 했다. 그 남자들은 역겨워하며 떠났다.

두 명의 미국인 여중생들이 멕시코에서 태평스럽게 군중들 사이를
킥킥거리며 신나게 거닐고 있었다. 그들의 순수함과 두려움에 대한 무
지함이 그들을 보호했다.

"주 날개 밑 내가 편안히 쉬네"라는 오래된 찬송을 불렀던 기도모임
에서 돌아오는 길에, 한 나이든 부인에게 어떤 남자가 길을 가로 막는

다. 자신 있게 그 여자는 불쑥 말했다. "당신은 나를 해할 수 없어, 주님의 깃털이 나를 감싸고 있거든!" 그녀는 해를 입지 않고 걸어갔다.

이런 종류의 상황들을 경험하거나 연구해온 사람들은 도움이 되는 특정한 행동을 다음과 같이 묘사한다. 자신의 태도, 목소리, 몸짓에서 강함을 표현하는 것, 공격자와 시선을 바로 할 것, 숨을 깊이 들이쉴 것, 타인을 향한 관심과 사랑에 의식적으로 집중할 것. 사랑으로 두려움을 내어 쫓는다 이 모든 것들은 공격자가 두려움을 없애고 긴장을 줄이는데 도움을 준다.

만일 위협이 당신에게 가까운 어떤 사람을 대상으로 한다면—다시 말해 당신의 배우자, 당신의 어머니, 당신의 자녀라면? 대응 방식이 달라질 것인가? 상황이 좀 더 복잡해질지는 모르지만 크게 다를 것은 없다. 우리의 감정은 고조될 수 있다. 또는 폭력을 사용하는 것이 다른 사람을 해에서 구해내는 정당한 방법이라고 합리화할 수도 있다.

타인을 보호하는 행동을 할 때조차도 창조적인 비폭력적 반응은 관계의 방식이나 어조를 뒤엎을 수 있다. 그러나 우리는 그 반응이 늘 효과가 있다고 할 수만은 없다. 예수는 자신의 방식을 따른 자들이 박해나 살인을 당하지 않을 것이라고 결코 약속하지 않았다. 그러나 또한 위협에 대한 폭력적 반응이 효과적일 거라는 보장은 없다.

비폭력적 방어를 사용했던 많은 경험을 바탕으로 볼 때 공격자를 폭력으로 대하거나 물리적으로 압도하려고 하면, 오히려 폭력이 생겨날

가능성이 높다. 공격자는 더 두려워하게 되고 위협을 받게 된다. 그리고 무기를 사용할 가능성이 더 커진다.

이것은 무기를 소지하지 않은 네 남자들이 62세의 할머니에게 접근했을 때 일어났던 일이다. 그녀는 자기를 보호하려고 가지고 다녔던 칼로 남자들이 접근하지 못하게 했다. 그 남자들은 그녀의 칼로 그녀를 일곱 번이나 찔렀다.

우리 사회에서는 일을 이루기 위해서는 거칠어져야 한다고들 한다. 그러나 사람들의 모든 운동은 억압적인 상황들을 바꾸기 위한 비폭력적 대응에서 힘을 찾아야 한다. 마찬가지로 우리는 다른 쪽 뺨을 대면서 생각할 수도 상상할 수도 없는 일을 시도해야 한다. 그들은 그런 방식이 타인을 해하지도 않으면서 자신이 희생양이 되게 하지 않는 반응인 것을 깨달아가고 있다.

폭력보다는 비폭력적 대응이 더욱 효과가 있다. 그것은 사랑, 용기, 그리고 힘으로 실행될 수 있다. 그러한 행동은 폭력적인 세상에서 화해의 삶을 실천하는 사람들의 비전에 충실하는 것이다.

페기 파우 기쉬 Peggy Faw Gish는 Appalachian Peace와 Justice Network 일하고 있으며, 오하이호주 아덴에 소재한 Intentional Christian Community의 회원이다. 그녀의 글은 Manchester College의 *Peace Studies Bulletin*에서 발췌한 것이다. 여기 허가를 받아 수록하였다.

내가 그에게 주먹을 휘둘렀다면?

아트 기쉬 Art Gish

베트남전 기간에, 고등학교에서 반전을 옹호하는 전단지를 나눠주고 있었을 때, 스무 살 청년이 내게 다가왔다. 그는 내게 욕설을 하더니, 내 얼굴을 한 방 갈겼다.

내가 어떻게 해야 했을까?

그는 나보다 체구가 큰 사람이었기 때문에 내가 다시 그에게 한 방 먹일 수가 없었다. 그랬다가는 내가 더 큰 봉변을 당할 수도 있었을 것이다.

나는 폭력을 행사하지 않고 그대로 있었다. 나를 때린 후에 그는 바로 눈물을 터뜨렸다. 그가 나에게 말하기를 한 주 뒤에 베트남을 향해 떠나도록 예정되어 있었고 결코 자신은 그곳에 가고 싶지 않다고 했다. 오랜 그리고 열띤 대화가 우리 사이에 이어졌다.

만일 내가 그보다 더 큰 사람이었고 내가 그를 한 방 갈겨주었더라면 어떻게 되었을까? 그래서 내가 얻을 것이 무엇이었을까? 그러나 그렇게 하지 않더라도 내가 그보다 더 큰 사람이라는 것은 이미 알고 있었던 사실이 아니던가?.

나는 방어적이지 않은 행동을 통해서 열린 마음과 아량을 표현했다. 그리고 그러한 태도로 말미암아 새로운 돌파구와 소통 그리고 가능성들에 대한 기대를 부여받았다.

나는 지난주에 다른 사람에게서 터무니없는 적대적 행동을 겪었을 때도 비슷한 경험을 하였다. 나는 적극적으로 들으려고 했고 '나' 메시지를 주려고 했고 평화적인 말로 그에게 다가서려고 했다. 그러나 모든 시도가 실패한 듯 싶었다. 적대감은 계속에서 분출되었다.

그러나 어제 그에게서 내가 받아본 것 중 가장 겸허한 편지 한통을 받았다. 나는 그가 자신의 행동을 인정하고 사과한 것에 깊은 감동을 받았다.

만일 내가 방어적인 모습으로 그에게 다가갔다면 어땠을까? 내가 그에게 한 방 날렸다면 어땠을까?

아트 기쉬 Art Gish는 유기농업자, 평화 운동가, 저술가 그리고 오하이오주 아테네에 있는 국제 기독교 공동체의 회원이다. 이 글은 Manchester College의 *Peace Studies Bulletin*에 수록되었던 것으로 허가를 받아 싣는다.

평화을 위한 제스처

로렌스 하트 Lawrence Hart

나는 체이엔Cheyenne 인디언이고 메노나이트 그리스도인이다. 나는 또한 체이엔에서 평화의 추장*이고 어떤 대가를 치르든지 평화적 삶에 헌신할 것이다. 평화의 추장들은 싸움에 말려들거나 분쟁에서 한쪽 편을 들지 않는다. 그들의 임무는 부족, 나아가 더 넓은 사회 가운데서 평화와 조화를 증진하는 것이다.

"당신의 아들이 당신 눈앞에서 살해된다 하더라도 당신은 아무 것도 해서는 안 된다." 한 고대의 금언이 우리를 가르치고 있다. "만일 어떤 사람이 당신의 어머님, 아내 또는 아이들을 괴롭히거나 해를 입힌다 하더라도 복수하지 마라. 당신의 파이프를 물고 앉아 아무 것도 하지 마라. 왜냐하면, 당신은 체이엔 평화의 추장이기 때문이다."

이러한 윤리는 고대로부터 우리에게 내려오는 것이다. 다른 추장들과 마찬가지로 우리는 갈등을 조정하고 해결하는 정교한 방법들을 계발해 왔다.

1968년 오클라호마 체이엔 마을은 와시타Washita 전투 100주년 기념식을 거행하고자 했다. 사실 와시타 전투는 조지 암스트롱 커스터George Armstrong Custer 대령과 그의 제 7기병대가 평화의 추장 블랙 케틀Black Kettle이 지배하는 평화로운 마을에 의도적으로 침략을 자행한 사건이었다.

마을 주민들은 체이엔 사람들을 이 사건의 100주년 기념식을 축하하는 데 동참하도록 초대했다. 처음에 우리는 대답했다.

"축하? 여자들과 아이들을 살해하고 평화로운 마을을 파괴했던 것을 경축하라고!"

그러나 마을 주민들은 우리에게 그들과 함께 할 것을 계속해서 설득했다. 평화의 추장들은 그것에 대해서 생각해보았다. '좋은 의도를 가진 시민들에게 우리가 함께 경축할 수 없다는 것을 어떻게 알릴 수 있을까? 우리가 어떤 식으로든 반응해야 한다면 우리는 기념할 수도 있겠지만 축하하지는 못할 것이다. 그러나 도대체 어떻게 할 것인가?

평화의 추장들은 이 문제를 가지고 씨름했고 결국 대답을 찾았다. 그 공격에서 살해되었던 체이엔 사람의 유골이 박물관에 전시되어 있었다. 우리는 다음과 같은 제안을 했다. 우리 체이엔 사람들은 시민들이 우리 조상의 남아 있는 유골 매장을 허락한다면 행사에 참여할 것이다.

시민들은 다가왔다. 그들은 우리의 조건들을 수락했다. 매장은 모든 행사의 마지막 순서가 될 예정이었다.

1968년 11월 27일이 다가왔고 모든 것이 순조로웠다. 테페 마을은 그날의 주요한 사건들 중 하나를 준비하기 위해서 실제 그 자리에 세워졌다. 그것은 공격을 재현하는 것이다. 수백 명의 관람자들과 참가자들이 도착했다.

도착한 사람들 중에는 자신을 공화국의 위대한 군대였던 제7기병대의 손자라고 칭하는 무리가 있었다. 그들은 캘리포니아에서 왔고 주민들도, 체인엔 사람들도 그들이 오는 것을 몰랐다.

실제 제복 차림을 하고 실제 무기와 칼을 들고 제7기병대의 손자들은 가장假裝 공격에 참가했다. 그들은 100년 전처럼 일렬로 체이엔 마을에 접근했다.

그 장면은 내게 실제처럼 느껴졌다. 이 사람들에 대한 증오가 내 속에서 일어나기 시작했다. 내 자식들이 그 마을에 있고 지금 보이는 것처럼 총에 맞을 것만 같은 생각이 들었기 때문에 내 감정은 증폭되었다. 나는 스스로 행동과 사고에 있어서 비폭력에 헌신한 평화의 추장임을 다시 상기했다. 나는 평화의 추장 블랙 캐틀Black Kettle과 그가 평화롭게 살려고 애썼던 것을 기억했다. 나도 똑같이 하리라고 결심했다.

공격이 시작되었다. 역사에서처럼 여자들과 아이들이 총에 맞았다. 그것이 끝나고 우리는 블랙 캐틀 박물관으로 나아갔다. 거기서 우리는 100년전 그 학살의 희생자였던 잔해를 묻어야 했다.

우리는 체이엔의 노래를 부르면서 특별히 동으로 된 관을 지고 박물관을 떠났다. 오래전 그 날처럼 눈이 내리기 시작했다. 우리가 군중들 사이로 지나갈 때 어떤 체이엔의 여자는 매우 아름다운 자신의 팬들톤Pendleton 담요를 벗어서 관 위에 덮었다. 그것은 우리의 전통에 따른 행동이었다.

그때 실망스럽게도 한 명령이 퍼졌다. "무기 장전!" 나는 무기들이 조작되는 소리를 들었다. 제7기병대의 손자들이 거기에 있었다. 나는 그들이 거기 있는 것을 원치 않았지만 그들은 거기에 있었다. 어떻게 감히 자신들의 조상들에 의해 희생된 체이엔 인디언들에게 경례할 수 있을까? 나는 평화의 추장처럼 반응할 수 없었다.

나는 평화의 추장들을 대신해서 군중들에게 행사의 다음 순서를 설명했다. 그 담요는 체이엔 사람들에 의해서 존경받는 어떤 사람에게 주어질 것이다. 내가 연단에 섰을 때 평화의 추장들이 누가 담요를 받을 것인지에 대해 결정하고 있었다는 것을 알았다. 나는 군중들에게 지금 무슨 일이 진행되고 있는지를 말했고 추장들은 결정했다.

아마도 나는 추장들이 주지사나 다른 관리를 선택할 것이라고 생각했다. 그러나 그들은 공화국의 위대한 군대, 제7기병대의 손자들의 지휘관을 선택했고 그 사실을 공포하고자 했다. 에릭 골트Eric Gault 대장은 나에게 가까이 와서 멈춰 섰고 자신의 칼을 꺼내 경례했다. 내가 그의 칼을 제자리로 옮겼을 때 나는 그가 돌아서게 한 다음 담요를 그의 어깨에 둘렀다.

제7기병대에 의한 체이엔 학살 이후 100년이 지났을 때 평화의 추장들은 화해의 제스쳐를 보여주었다. 다음 이어지는 장면은 묘사하기 어려울 정도다. 사람들은 정신없이 울어댔다. 우리는 서로의 어깨에 기대고 울었다. 제7기병대의 손자들와 블랙 캐틀의 손자들이.

대장은 자신의 유니폼에서 게리 오웬Garry Owen의 기장을 떼어 내는 것으로 담요를 받은 것에 응답했다. 그 기장은 무기 장전과 공격을 명령하는 나팔을 상징한다. 이 나팔소리는 토착 미국인들이 꽤나 자주 들었던 소리였다.

토착 미국인들은 나의 민족의 고의적인 인종 학살을 예시하는 와시타 전투나 다른 사건을 경축할 하등의 이유가 없다. 마찬가지로 토착 미국인들이 크리스토퍼 콜롬버스 북미 상륙 500주년 기념식을 축하할 이유가도 전혀 없다.

그러나 1968년에 젊은 평화의 추장으로서 나는 선임 평화의 추장들로부터 화해의 제스처가 얼마나 중요한지 배웠다. 선배 평화의 추장들을 본받아서 나는 1992년이 화해의 해로 지정할 것을 제안했다. 그리고 그 이후 매년!

로렌스 하트Laurence Hart는 토착 미국인으로 오클라오마 클린톤에 살고 있다. 그는 체이엔 평화의 추장이자 클리톤에 있는 클레이엔 문화 텐터에서 공동체 봉사의 디렉터이다. 하트는 Mennoite Central Committee U.S Executive Board에서 봉사하고 있으며, Koinonia(Okla) Mennonite Church의 회원이다. 이 글은 MCC packet "*A Common History*"(March–April 1992)에서 발췌된 것으로 MCC와 저자의 허가로 실었다.

* 평지 인디언 부족인 체인엔 사람들의 추장들은 평화의 조정자가 되도록 교육을 받고, 종종 평화의 추장이라고 불려졌다. 부족 영웅인 스위트 메디신(Sweet Medicine)은 체이엔 사람들의 평화적인 종들인 추장들을 지도한다. 1800년대 중반 유럽인들이 체인엔 땅을 침략했을 때, 체이엔 추장들은 미국 군인들과의 평화를 위해 힘썼지만, 종종 비극적 결과를 가져왔다. 오늘날, 체이엔 추장들은 부족 간의 갈등을 중재하는 것을 돕고 있다.

대장간 추천 평화 문고

더 깊은 연구를 위한 책들

존 H. 요더. 『그럼에도 불구하고(가제)』*Nevertheless* , 이성하 전남식 옮김, 대장간, 2012-다양한 기독교 평화주의들의 관점.

------.『근원적혁명』*The Original Revolution*-Essays on Christian Pacifism, 김기현 전남식 옮김, 대장간, 2011-기독교 평화주의 에세이

------. When War Is Unjust(Augsburg Fortress, 1985).

Friesen, Duane K. 『국제갈등과 평화만들기(예정)』*Christian Peacemaking and International Conflict,* 박종금 옮김, 대장간, 2012-현실주의적 평화주의자의 관점을 제시해주는 책.

가이 F. 허쉬버거, 『전쟁, 평화 무저항(가제)』 *War, Peace, and Nonresistance*(third edition), 최봉기 옮김, 대장간, 2012-신앙과 역사에 무저항주의에 대한 포괄적이고 고전적 연구로 메노나이트의 평화에 대한 신앙과 실천적 입장을 보여줌.

Aukerman, Dale. *Darkening Valley*(1989).

-------- , *Reckoning with Apocalypse*(Crossroad, 1993)

Driedger, Leo, and Donald B. Kraybill. *Mennonite Peacemaking*(1994)

Durland, William R. *No King but Caesar?*(1975). 한 카톨릭 변호사가 폭력에 대한 기독교적 시각을 보여주는 책.

Enz, Jacob J. *The Christian and Warfare*(1972) 구약 성서에서 평화주의 뿌리를 다룸.

Gwyn, Douglas, G. Hunsingerm, E.F. Roop, and J. H. Yoder, eds. A *Declaration on Peace: In God's people the World's Renewal Has Begun*(1990). 에큐메니칼한 대화.

Hornus, Jean-Michel. *It Is Not Lawful for Me to Fight*(1980).전쟁, 폭력, 그리고 국가에 대한 초기 기독교인들의 태도에 대한 연구.

Lasserre, Jean, *War and the Gospel*(1962). 전쟁의 윤리적 문제와 관련한 성서에 대한 분석.

Lind, Millard C. *Yahweh Is a Warrior*(1980). 고대 이스라엘의 전쟁신학.

Ramseyer, Robert L. *Mission and the Peace Witness*(1979).

Swartly, Willard M. Slavery, Sabbath, War, and Women: Case Issues in
    Biblical Interpretation(1983).

Trocmé, André. Jesus and the Nonviolent Revolution(1975).

가볍게 읽을 수 있는 책들

로이스 바렛, 『하나님은 어떻게 싸우시는가?』 *The Way God Fights*, 전남식 옮김, 대
    장간, 2011.-구약성서에서의 전쟁과 평화.

론 J. 피치.『평화교육방법론(가제)』*How to Teach Peace to Children*, 대장간 출판 예정.

니콜라스 월터스토프, 『정의가 평화가 입맞출 때까지』 홍병룡 옮김, IVP.

존 드라이버, 『초기 그리스도인이 본 전쟁과 평화』 이상규 옮김, KAP, *How
    Christians Made Peace with War*(1988). 어거스틴까지의 초대교회에 대해서.

도널드 B. 크레이빌, 『예수가 바라본 하나님나라』*The Upside-Down Kingdom*, 복
    있는사람- 부, 전쟁 시도, 지위 차지하기, 종교적 배타주의를 주제로 한 공관복음서
    연구.

로레인 수투츠만 암스투츠, 쥬디 뮬렛 공저, 『학교현장을 위한 회복적 학생생활지도』,
    이재영 정용진 옮김, KAP, 2011.

레프 톨스토이, 『국가는 폭력이다』, 조윤정 옮김, 달팽이, 2008.

김두식, 『평화의 얼굴-총을 들지 않을 자유와 양심의 명령』, 교양인, 2007.

이문식, 『통일을 넘어 평화로』, 홍성사, 2007.

Bainton, Roland H. *Christian Attitudes Toward War and Peace*(Abingdon
    Press, 1979). 초대 교회에 관한 고전.

Beachey, Duane, *Faith in a Nuclear Age*(1983).

Byler, Dennis. *Making War and Making Peace*(1989). 콘스탄티누스 이래의 여러
    견해들을 소개한 책.

Drescher, John M. *Why I Am a Conscientious Objector*(1982). 군사적 개입에 직
    면한 사람들을 위한 책.

Driver John. *Kingdom Citizens*(1980). 마태복음 5장-7장에 대해서.

Eller, Vernard. *War and Peace from Genesis to Revelation*(1981).

Hostetler, Marian. *They Loved Their Enemies*(1988). 이야기들.

Kraybill, Donald B. *Facing Nuclear War*(1982).

McSorley, Richard. *New Testament Basis of Peacemaking*(1985). 한 카톨릭 신자
　에 의한 명확하고 건전한 해석.

Ruth-Heffelbower, Duane. *The Anabaptists Are Back! Making Peace in a
　Dangerous World*(1979). 이야기들.

Sider, Ronald J. *Christ and Violence*(1979).

Steiner, Susan Clemmer. *Joining the Army That Sheds No Blood*(1982)십대들을
　위한 성경적 평화주의에 대한 책.

Stoner, John K., and Lois Barett. *Letters to American Christians*(1989). 복음주
　의와 군사주의에 관한 책.

Wenger, J. C. *The Way of Peace*(1977). 그리스도의 가르침과 수 세기 동안의 평화
　의 길에 대한 간단한 연구.

어린이들을 위한 책

잉그리드 헤스. 『평화의 발걸음』, 곽노경 옮김, 대장간, 2011, *Walk in Peace*(1987).
　평화 그림 동화.

이억배 글 그림. 『비무장지대에 봄이 오면』, 사계절, 2010

로라 자페. 『폭력-평화는 힘이 세다』, 장석훈 옮김, 푸른숲주니어, 2012.

유니세프. 『나는 평화를 꿈꿔요』, 김영무 옮김, 비룡소, 1994.

Baum. Elizabeth Hershberger, *Coals of Fire*(1954). 악을 선으로 갚은 사람들의 이
　야기들.

Dyck,Peter J. *The Great Shalom*(1990). *Shalom at Last*(1992). 숲을 지키기 위해
　서 동물들과 농부가 함께 하는 이야기.

Eitzen, Ruth and Allan. *The White Feather*(1987). 이야기.

Meyer, Mary Clemens. *Walking with Jesus*(1992). 이야기 모음집.

Moore, Ruth Nulton. *The Christmas Surprise*(1989) *Distant Thunder*(1991). 전쟁
　시 모라비안 교도들의 평화활동.

일반인을 위한 평화 서적

마셜 B. 로젠버그, 『비폭력대화』, 캐서린 한 옮김, 한국NVC센터, 2011
김성희외, 『내가 살던 용산』, 보리, 2010
레프 니콜라예비치 톨스토이, 『전쟁과 평화』, 여러 출판사에서 출판.
비무장, 『내가 살던 용산』, 보리, 2010
탁닛한, 『평화는 어떻게 시작되는가』, 강주영 옮김, 다산초당, 2005.
아다치 리키아, 『군대를 버린 나라』, 설배환 옮김, 검둥소, 2011.